Las familias católicas
celebran el domingo
2023–2024

Mary Heinrich

LTP

RECURSOS
CATÓLICOS
EN ESPAÑOL

Nihil Obstat
Diácono David Keene, PHD
Vicario de Servicios Canónicos
Arquidiócesis de Chicago
1 de noviembre de 2022

Imprimatur
Obispo Auxiliar Robert G. Casey
Vicario General
Arquidiócesis de Chicago
1 de noviembre de 2022

Nihil Obstat e *Imprimatur* son declaraciones oficiales de que un libro está libre de errores doctrinales y morales, conforme al canon 827. Ellas no implican que quienes las otorgan suscriben el contenido, opiniones o expresiones vertidas en la obra, ni que asuman responsabilidad legal alguna asociada con su publicación.

Editor: Ricardo López; corrección: cuidado de la edición: Víctor R. Pérez; traducción: Ricardo López; diseño: Anna Manhart; diagramado: Kari Nicholls.

Portada © William Hernandez

ISBN: 978-1-61671-701-8

FCCD24

"Amarás al Señor, tu Dios, con todo el corazón, con toda el alma, con todas las fuerzas. Las palabras que hoy te digo quedarán en tu memoria, se las inculcarás a tus hijos y hablarás de ellas estando en casa y yendo de camino, acostado y levantado".

(Deuteronomio 6:5-7)

Índice

Cómo usar
Las familias católicas celebran el domingo

Esta breve guía semanal sigue el curso del evangelio de los domingos y solemnidades del año litúrgico. Este libro ayudará a los padres a conversar con sus hijos sobre la misa y a explorar el tesoro de la fe hecha vida. Asistir a misa debe impregnar la vida familiar. Para esto, es crucial que los padres tomen la iniciativa y guíen el diálogo familiar desde que salen de casa. Luego de leer el evangelio, pasen a "Reflexionar la palabra" y luego compartan todos las preguntas y sugerencias de "Camino a misa"; después de misa, sírvanse de "Camino a casa" para conversar y aprovechen los consejos de "Vivir la palabra" para confirmar su compromiso de familia católica.

Confiamos en que esta dinámica se torne un hábito dominical que les ayude a vivir la fe en familia. Sin duda, habrá ocasiones en las que ustedes tendrán otras necesidades, intereses o ideas más adecuadas que compartir; compartan todo eso con sus hijos; incluso los más pequeños son perfectamente capaces de ir introduciéndose en la liturgia a través de sus sentidos. Aprendan y entonen los cantos, explíquenles los colores del tiempo litúrgico y siéntense con ellos desde donde puedan observar los gestos de la misa; todo esto los irá formando en su fe. Recuerde que en el rito del bautismo se dice que los padres del infante son sus primeros y principales maestros.

Vigesimotercer Domingo del Tiempo Ordinario

Escuchar la Palabra

Mateo 18:15–20

En el nombre del Padre, del Hijo y del Espíritu Santo.

En aquel tiempo, Jesús dijo a sus discípulos: "Si tu hermano comete un pecado, ve y amonéstalo a solas. Si te escucha, habrás salvado a tu hermano. Si no te hace caso, hazte acompañar de una o dos personas, para que todo lo que se diga conste por boca de dos o tres testigos. Pero si ni así te hace caso, díselo a la comunidad; y si ni a la comunidad le hace caso, apártate de él como de un pagano o de un publicano.

Yo les aseguro que todo lo que aten en la tierra, quedará atado en el cielo, y todo lo que desaten en la tierra quedará desatado en el cielo.

Yo les aseguro también que, si dos de ustedes se ponen de acuerdo para pedir algo, sea lo que fuere, mi Padre celestial se lo concederá; pues donde dos o tres se reúnen en mi nombre, ahí estoy yo en medio de ellos".

Reflexionar la palabra

Jesús nos da una manera para tratar con un hermano desca-rriado de la comunidad. Ante los desafíos relacionales, es bueno aquietarnos y reflexionar las palabras de este evangelio para resolver los conflictos. ¿Cómo nos ayuda escuchar la voz de Dios en silencio en nuestro trato diario con los demás, especialmente con aquellos que no están de acuerdo con nosotros?

・・・・・ CAMINO A MISA

En la misa, sabemos que Cristo está presente en la Palabra y en el Sacramento. ¿Lo reconocemos presente también en las vidas y corazones de los miembros de nuestra comunidad? ¿Qué nos dificulta ver a Cristo en los demás?

CAMINO A CASA ・・・・・

¿Cómo podemos escuchar mejor a nuestros propios familiares o ejercitar la paciencia cuando surge la frustración?

Vivir la palabra

Reconocer a Cristo, especialmente en aquellos con quienes no estamos de acuerdo, implica escuchar. Aprendamos a practicar el estar en silencio para escuchar a Dios también. Hagan que sus hijos practiquen quedarse quietos sin distraerse, aunque sea por un minuto. Pregúntenles: "¿Pueden mantener sus manos y brazos en paz? ¿Están sus pies y piernas aquie-tados? Mantengan sus ojos cerrados y la boca callada. Así, en silencio, ¿qué escucha su corazón?".

Vigesimocuarto Domingo del Tiempo Ordinario

Escuchar la Palabra

Mateo 18:21–22

En el nombre del Padre, del Hijo y del Espíritu Santo.

En aquel tiempo, Pedro se acercó a Jesús y le preguntó: "Si mi hermano me ofende, ¿cuántas veces tengo que perdonarlo? ¿Hasta siete veces?". Jesús le contestó: "No sólo hasta siete, sino hasta setenta veces siete".

Reflexionar la palabra

Pedro le pregunta a Jesús sobre algo muy desafiante: ¡el perdón! Tengamos seis o sesenta años, todos tenemos preguntas sobre el perdón: ¿Cómo nos sentimos cuando alguien nos lastima? ¿Lo seguimos amando? ¿Guardamos ira en el corazón? ¿Devolvemos mal por mal? ¿Perdonamos pronto? ¿Duele incluso después de que perdonamos? Jesús nos pide perdonar una y otra vez, y no dejar que las cuestiones que surgen en nuestro corazón nos impidan perdonar.

...... CAMINO A MISA

La misa es también una gran oración de perdón compuesta de muchas oraciones. Estemos atentos a las palabras *compasión*, *perdón*, *misericordia* y paz en la misa de hoy. ¿Las pronuncia el sacerdote, la asamblea (nosotros) o ambos?

CAMINO A CASA ......

¿Qué hacemos para presentarle a Jesús nuestros conflictos y pedirle su ayuda?

Vivir la palabra

Esta semana, cada noche hablen con sus hijos sobre los momentos del día en los que pidieron perdón o perdonaron a alguien. ¿Le pidieron perdón a Jesús? ¿Cómo nos hace sentir saber que Jesús nos perdona?

Vigesimoquinto Domingo del Tiempo Ordinario

Escuchar la Palabra

Mateo 20:1-3, 5-11, 1, 15

En el nombre del Padre, del Hijo y del Espíritu Santo.

En aquel tiempo, Jesús dijo a sus discípulos esta parábola: "El Reino de los cielos es semejante a un propietario que, al amanecer, salió a contratar trabajadores para su viña. Después de quedar con ellos en pagarles un denario por día, los mandó a su viña. Salió otra vez a media mañana… y a media tarde e hizo lo mismo.

Por último, salió también al caer la tarde y encontró todavía otros… y les dijo: … 'Vayan también ustedes a mi viña'.

Al atardecer, el dueño de la viña le dijo a su administrador: 'Llama a los trabajadores y págales su jornal, comenzando por los últimos hasta que llegues a los primeros'. Se acercaron, pues, los que habían llegado al caer la tarde y recibieron un denario cada uno.

Cuando les llegó su turno a los primeros, creyeron que recibirían más; pero también ellos recibieron un denario cada uno. Al recibirlo, comenzaron a reclamarle al propietario.

Pero él respondió a uno de ellos: 'Amigo, yo no te hago ninguna injusticia. ¿Acaso no quedamos en que te pagaría un denario?… ¿Qué no puedo hacer con lo mío lo que yo quiero? ¿O vas a tenerme rencor porque yo soy bueno?".

Reflexionar la palabra

Dios llama a las personas y éstas responden en diferentes momentos. Jesús nos recuerda que el amor y gracia de Dios son gratuitos para todos, pues todos sus hijos son igualmente importantes para él, sin importar cuándo responden a su llamado.

•••••• CAMINO A MISA

¿Se han sentido ustedes celosos de alguien que tiene más que ustedes? ¿Por qué?

CAMINO A CASA ••••••

¿Por qué creen ustedes que el dueño de la viña dio a los trabajadores que llegaron tarde el mismo pago que a los que habían llegado temprano? ¿Qué nos dice esto de la generosidad de Dios?

Vivir la palabra

El Evangelio nos pide imitar la generosidad de Dios con los demás. Sabemos que no todas las personas tienen lo que requieren para realizarse a plenitud. Hablen en familia si conocen a alguien que no tiene suficiente comida o un sitio para vivir o no gana lo suficiente para proveer las necesidades básicas de su familia. Decidan hacer algo, aunque parezca pequeño, que ayude a solventar una carencia y erradicar la injusticia.

Vigesimosexto Domingo del Tiempo Ordinario

Escuchar la Palabra

Mateo 21:28–32

En el nombre del Padre, del Hijo y del Espíritu Santo.

En aquel tiempo, Jesús dijo a los sumos sacerdotes y a los ancianos del pueblo: "¿Qué opinan de esto? Un hombre que tenía dos hijos fue a ver al primero y le ordenó: 'Hijo, ve a trabajar hoy en la viña'. Él le contestó: 'Ya voy, señor', pero no fue. El padre se dirigió al segundo y le dijo lo mismo. Este le respondió: 'No quiero ir', pero se arrepintió y fue.

¿Cuál de los dos hizo la voluntad del padre?". Ellos le respondieron: "El segundo".

Entonces Jesús les dijo: "Yo les aseguro que los publicanos y las prostitutas se les han adelantado en el camino del Reino de Dios. Porque vino a ustedes Juan, predicó el camino de la justicia y no le creyeron; en cambio, los publicanos y las prostitutas, sí le creyeron; ustedes, ni siquiera después de haber visto, se han arrepentido ni han creído en él".

Reflexionar la palabra

Es fácil vernos como el primer o el segundo hijo del evangelio de hoy. A veces somos como el primer hijo: inicialmente rechazamos a Dios e ignoramos su voluntad, pero luego, a través de la oración y el discernimiento, cambia nuestro corazón. Otras veces, somos el segundo hijo y tenemos toda la intención de responder a lo que Dios nos pide hacer, pero nos distraemos o no cumplimos. ¿Cómo nos está llamando el Señor a alinear nuestras palabras y nuestras acciones esta semana?

······ CAMINO A MISA

En el Padrenuestro, rezamos: "venga a nosotros tu reino, hágase tu voluntad". Pidan a sus hijos que piensen en la voluntad de Dios. ¿Qué significa eso?

CAMINO A CASA ······

Pregunten a sus hijos si las acciones hablan más fuerte que las palabras y porqué.

Vivir la palabra

Ya en casa, busquen en su Biblia pasajes en los que Jesús habla de hacer la voluntad del Padre: la agonía en el huerto (Mateo 26:39, 42; Lucas 22:42), el verdadero discípulo (Mateo 7:21), Jesús y su familia (Marcos 3:35). Hablen de cómo conocer la voluntad de Dios. ¿Cómo es Jesús nuestro modelo para discernir la voluntad de Dios y seguirla, aunque a veces sea difícil? Pidan a sus hijos que hagan y decoren una tarjeta de oración con las palabras "Venga a nosotros tu reino, hágase tu voluntad". Colóquenla en algún lugar visible como un recordatorio de hacer la voluntad de Dios.

Vigesimoséptimo Domingo del Tiempo Ordinario

Escuchar la Palabra

Mateo 21:33–41

En el nombre del Padre, del Hijo y del Espíritu Santo.

En aquel tiempo, Jesús dijo a los sumos sacerdotes y a los ancianos del pueblo esta parábola: "Había una vez un propietario que plantó un viñedo, lo rodeó con una cerca, cavó un lagar enél, construyó una torre para el vigilante y luego lo alquiló a unos viñadores y se fue de viaje.

Llegado el tiempo de la vendimia, envió a sus criados para pedir su parte de los frutos a los viñadores; pero éstos se apoderaron de los criados, golpearon a uno, mataron a otro y a otro más lo apedrearon. Envió de nuevo a otros criados, en mayor número que los primeros, y los trataron del mismo modo.

Por último, les mandó a su propio hijo, pensando: 'A mi hijo lo respetarán'. Pero cuando los viñadores lo vieron, se dijeron unos a otros: 'Este es el heredero. Vamos a matarlo y nos quedaremos con su herencia'. Le echaron mano, lo sacaron del viñedo y lo mataron.

"Ahora, díganme: cuando vuelva el dueño del viñedo, ¿qué hará con esos viñadores?". Ellos le respondieron: "Dará muerte terrible a esos desalmados y arrendará el viñedo a otros viñadores, que le entreguen los frutos a su tiempo".

Reflexionar la palabra

Todos somos trabajadores en la viña de Dios. Hay muchas personas que colaboran en el plan de Dios y proclaman su Palabra entre nosotros: desde los profetas, los discípulos, los evangelistas, el Papa, nuestros párrocos, los y las catequistas e incluso miembros de nuestra familia. ¿Somos receptivos a Dios y sus mensajeros? ¿Cómo se nos pide ser anunciadores y oyentes de su Palabra?

······ CAMINO A MISA

¿Alguna vez les han puesto a ustedes a cargo de algo o les han pedido hacer una tarea para otra persona? ¿Cómo les fue?

CAMINO A CASA ······

Un arrendatario es alguien que trabaja la tierra, pero no es dueño de ella. ¿Cómo podemos ser buenos arrendatarios de la viña esta semana?

Vivir la palabra

Las vides producen uvas, una fruta deliciosa. Al ser trabajadores en la viña de Dios, ¿qué tipo de "fruta" cultivamos? Si estamos llenos de la luz de Cristo resucitado, ¿cómo se manifiesta hacia afuera? Piensen en formas de mostrar a los demás que pertenecemos a Dios y pidan a sus hijos que las enlisten. Coloquen la lista en un lugar de la casa donde todos puedan verla. ¿Cómo cultivarán usted y su familia los elementos de la lista esta semana, este mes, este año?

Vigesimoctavo Domingo del Tiempo Ordinario

Escuchar la Palabra

Mateo 22:1–10

En el nombre del Padre, del Hijo y del Espíritu Santo.

En aquel tiempo, volvió Jesús a hablar en parábolas a los sumos sacerdotes y a los ancianos del pueblo, diciendo: "El Reino de los cielos es semejante a un rey que preparó un banquete de bodas para su hijo. Mandó a sus criados que llamaran a los invitados, pero éstos no quisieron ir.

Envió de nuevo a otros criados que les dijeran: 'Tengo preparado el banquete; he hecho matar mis terneras y los otros animales gordos; todo está listo. Vengan a la boda'. Pero los invitados no hicieron caso. Uno se fue a su campo, otro a su negocio y los demás se les echaron encima a los criados, los insultaron y los mataron.

Entonces el rey se llenó de cólera y mandó sus tropas, que dieron muerte a aquellos asesinos y prendieron fuego a la ciudad.

Luego les dijo a sus criados: 'La boda está preparada; pero los que habían sido invitados no fueron dignos. Salgan, pues, a los cruces de los caminos y conviden al banquete de bodas a todos los que encuentren'. Los criados salieron a los caminos y reunieron a todos los que encontraron, malos y buenos, y la sala del banquete se llenó de convidados".

Reflexionar la palabra

¿Ha preparado, alguna vez, invitaciones para una fiesta de cumpleaños u otro evento familiar? Enviamos invitaciones y esperamos que los invitados lleguen, porque deseamos reunirnos con aquellos a quienes amamos. ¡El evangelio de hoy nos recuerda que nuestro Señor nos prepara un banquete y nos invita a unirnos a la fiesta! Así como deseamos reunirnos con nuestros seres queridos, el Señor espera ansiosamente nuestra llegada a él. Pídale que le ayude a responder a su invitación con alegría.

......CAMINO A MISA

¿Qué cosas se interponen para ver la invitación de Dios en nuestra vida? ¿Qué preocupaciones alejan nuestro tiempo y atención de Dios?

CAMINO A CASA ......

Jesús predica el reino de Dios y cómo será la vida allí. La imagen del reino en el evangelio de hoy es la de una fiesta de bodas. ¿Cómo se imaginan ustedes el reino de Dios? ¿Cómo es?

Vivir la palabra

Es algo especial recibir una invitación. ¿Cómo nos invita Dios a estar en relación con él? ¿Quiénes han sido los mensajeros de esta generosa invitación? Hagan una lista de las personas cuyas voces y acciones invitan a acercarnos a Dios. Escriban notas de agradecimiento o llámenlas por teléfono para agradecerles por ser testigos del reino.

Vigesimonoveno Domingo del Tiempo Ordinario

Escuchar la Palabra
Mateo 22:15–21

En el nombre del Padre, del Hijo y del Espíritu Santo.

En aquel tiempo, se reunieron los fariseos para ver la manera de hacer caer a Jesús, con preguntas insidiosas, en algo de que pudieran acusarlo.

Le enviaron, pues, a algunos de sus secuaces, junto con algunos del partido de Herodes, para que le dijeran: "Maestro, sabemos que eres sincero y enseñas con verdad el camino de Dios, y que nada te arredra, porque no buscas el favor de nadie. Dinos, pues, qué piensas: ¿Es lícito o no pagar el tributo al César?".

Conociendo Jesús la malicia de sus intenciones, les contestó: "Hipócritas, ¿por qué tratan de sorprenderme? Enséñenme la moneda del tributo". Ellos le presentaron una moneda.

Jesús les preguntó: "¿De quién es esta imagen y esta inscripción?" Le respondieron: "Del César". Y Jesús concluyó: "Den, pues, al César lo que es del César, y a Dios lo que es de Dios".

Reflexionar la palabra

En el centro de esta historia se encuentran dos preguntas:
"¿Qué le debemos a Dios?" y "¿Lo que le debemos a Dios
alguna vez nos pone en conflicto con la autoridad civil?".
El regalo que se le debe a Dios es mucho más valioso que
el dinero y se eleva por encima de todo lo que nos exija el
gobierno. ¡Dios quiere nuestro corazón! Darle a Dios lo que
es de Dios es darle nuestras preocupaciones, nuestras luchas
y nuestros dolores, así como nuestra alegría y nuestro amor.
¿Cómo le dará usted su corazón a Dios esta semana?

• • • • • • CAMINO A MISA

Pidan a sus hijos que piensen en las siguientes preguntas: "¿Qué
me pide Dios que le dé hoy? ¿Qué le ofrecemos en la misa?".

CAMINO A CASA • • • • • •

Jesús les dice a los fariseos que le "den al César lo que es del
César, y a Dios lo que es de Dios". ¿Qué creen ustedes que significa
pertenecer a Dios?

Vivir la palabra

La oración es una forma importante de dar a Dios lo que
es de Dios. En la oración, le damos a Dios nuestro corazón.
Hagan un inventario de todos los momentos y formas en que
oran durante el día. En familia, analicen cómo pueden pasar
más tiempo con Dios en oración. ¿Hay nuevos momentos
en los que podrían incorporar la oración en su vida juntos?
¿Hay nuevas formas de orar que quieran explorar? Agreguen
unos diez minutos o una nueva forma de orar a su vida
esta semana.

29 de octubre de 2023

Trigésimo Domingo del Tiempo Ordinario

Escuchar la Palabra

Mateo 22:34–40

En el nombre del Padre, del Hijo y del Espíritu Santo.

En aquel tiempo, habiéndose enterado los fariseos de que Jesús había dejado callados a los saduceos, se acercaron a él. Uno de ellos, que era doctor de la ley, le preguntó para ponerlo a prueba: "Maestro, ¿cuál es el mandamiento más grande de la ley?".

Jesús le respondió: *"Amarás al Señor, tu Dios, con todo tu corazón, con toda tu alma y con toda tu mente. Este es el más grande y el primero de los mandamientos. Y el segundo es semejante a éste: Amarás a tu prójimo como a ti mismo. En estos dos mandamientos se fundan toda la ley y los profetas".*

Reflexionar la palabra

Cuando los fariseos le preguntan a Jesús por el mandamiento más grande, les dice que amen a Dios con todo su corazón, mente y alma, y que amen a su prójimo como a sí mismos. Los padres hacemos mucho para mostrar amor a los miembros de nuestra familia, pero a menudo olvidamos que una parte importante del mandamiento es el amor a uno mismo. ¿Con qué frecuencia nos mostramos amor a nosotros mismos? ¿Comemos sanamente y descansamos lo suficiente? ¿De qué otras maneras podemos amarnos a nosotros mismos?

······ CAMINO A MISA

Pregunten a sus hijos: "¿Cómo es amar a Dios con todo lo que somos?".

CAMINO A CASA ······

Pregunten a sus hijos si es más fácil amar a Dios que a uno mismo.

Vivir la palabra

En familia, piensen en cómo pueden seguir este doble mandamiento, con un enfoque particular en amar a su prójimo esta semana. Dialoguen todos juntos: ¿cuál es una expresión de amor que podría ofrecerse a un prójimo? Decidan hacer un acto de bondad; piensen en algo tan simple como una sonrisa y saludar a un vecino en un paseo por el vecindario, o en compartir sus habilidades para cocinar u hornear con alguien de su cuadra. Asegúrense de trabajar juntos para poner sus pensamientos en obra durante la semana.

Todos los Santos

Escuchar la Palabra
Mateo 5:1–12a

En el nombre del Padre, del Hijo y del Espíritu Santo.

En aquel tiempo, cuando Jesús vio a la muchedumbre, subió al monte y se sentó. Entonces se le acercaron sus discípulos. Enseguida comenzó a enseñarles, hablándoles así:

"Dichosos los pobres de espíritu, / porque de ellos es el Reino de los cielos. / Dichosos los que lloran, / porque serán consolados. / Dichosos los sufridos, / porque heredarán la tierra. / Dichosos los que tienen hambre y sed de justicia, / porque serán saciados. / Dichosos los misericordiosos, / porque obtendrán misericordia. / Dichosos los limpios de corazón, / porque verán a Dios. / Dichosos los que trabajan por la paz, / porque se les llamará hijos de Dios. / Dichosos los perseguidos por causa de la justicia, / porque de ellos es el Reino de los cielos.

Dichosos serán ustedes, cuando los injurien, los persigan y digan cosas falsas de ustedes por causa mía. Alégrense y salten de contento, porque su premio será grande en los cielos".

Reflexionar la palabra

Hay mucha tristeza y dolor en el mundo. Lo vemos en las noticias, en el lugar de trabajo y en nuestra vida cotidiana. Hemos escuchado las Bienaventuranzas que nos recuerdan que Dios ofrece abundantes bendiciones a quienes sufren o se encuentran en circunstancias lastimosas. En el reino de Dios, los pobres son bendecidos, los mansos y humildes heredan la tierra, y los hambrientos son saciados. Con estas bendiciones, Dios nos recuerda que no estamos abandonados y que él nos ayudará en cualquier dificultad que enfrentemos.

•••••• CAMINO A MISA

En la misa, recibimos muchas bendiciones. Pidan a sus hijos que observen y escuchen los momentos en que el sacerdote hace alguna oración de bendición. ¿Hay ciertas palabras o acciones que ustedes reconozcan en las bendiciones?

CAMINO A CASA ••••••

La palabra *dichosos* está en el evangelio de hoy nueve veces. ¿Qué significa ser bendecido? ¿Cómo muestra Dios su amor a través de estas bendiciones?

Vivir la palabra

Las Bienaventuranzas nos dicen que somos bendecidos. Piensen en las personas mencionadas en las Bienaventuranzas: ¿cómo pueden ustedes acercarles la bendición de Dios? Por ejemplo, a los que tienen hambre, ¿pueden hacer bolsas de almuerzo para donarles? A los que están de luto, ¿pueden enviar una tarjeta de pésame u ofrecer oraciones o apoyo práctico (comidas, ayuda con las tareas del hogar, etcétera)? Elijan una obra y háganla juntos, en familia.

5 de noviembre de 2023

Trigésimo primer Domingo del Tiempo Ordinario

Escuchar la Palabra

Mateo 23:1-12

En el nombre del Padre, del Hijo y del Espíritu Santo.

En aquel tiempo, Jesús dijo a las multitudes y a sus discípulos: "En la cátedra de Moisés se han sentado los escribas y fariseos. Hagan, pues, todo lo que les digan, pero no imiten sus obras, porque dicen una cosa y hacen otra. Hacen fardos muy pesados y difíciles de llevar y los echan sobre las espaldas de los hombres, pero ellos ni con el dedo los quieren mover. Todo lo hacen para que los vea la gente.

Ensanchan las filacterias y las franjas del manto; les agrada ocupar los primeros lugares en los banquetes y los asientos de honor en las sinagogas; les gusta que los saluden en las plazas y que la gente los llame 'maestros'.

Ustedes, en cambio, no dejen que los llamen 'maestros', porque no tienen más que un Maestro y todos ustedes son hermanos. A ningún hombre sobre la tierra lo llamen 'padre', porque el Padre de ustedes es sólo el Padre celestial. No se dejen llamar 'guías', porque el guía de ustedes es solamente Cristo. Que el mayor de entre ustedes sea su servidor, porque el que se enaltece será humillado y el que se humilla será enaltecido".

Reflexionar la palabra

El evangelio nos muestra que los escribas y fariseos se preocupan por el estatus, la posición y mantener las apariencias. Jesús, por el contrario, les recuerda a sus seguidores que ser discípulo significa ser siervo. Nos dice: "Que el mayor de entre ustedes sea su servidor, porque el que se enaltece será humillado y el que se humilla será enaltecido". No busquemos honrarnos a nosotros mismos, sino dar todo el honor y la gloria a Dios sirviendo humildemente a las necesidades de los demás. ¿Cómo sería el mundo si viviéramos todos nosotros este aspecto del mensaje del evangelio?

•••••• CAMINO A MISA

Jesús nos invita a amar como él ama y a servir como él sirve. ¿De qué maneras podemos cuidar o ayudar a los demás?

CAMINO A CASA ••••••

¿A quién nos pide Dios servir hoy? ¿Cómo se comparte el amor de Dios con otros a través de nuestra familia hoy? Cuando servimos a los demás con un corazón humilde, ¡demos toda la gloria y el honor a Dios!

Vivir la palabra

Los santos son mujeres, varones y niños que han decidido ser siervos de Dios. Al leer sobre sus vidas, vemos ejemplos de cómo ser santos y cómo servir a los demás. Elijan un santo (cualquiera, o quizás el patrono de su parroquia, de ser el caso) y lean sobre su vida. Hablen de cómo ese santo eligió servir a Dios y qué lecciones puede aprender su familia de tal ejemplo.

12 de noviembre de 2023

Trigésimo segundo Domingo del Tiempo Ordinario

Escuchar la Palabra

Mateo 25:1–2, 5–13

En el nombre del Padre, del Hijo y del Espíritu Santo.

En aquel tiempo, Jesús dijo a sus discípulos esta parábola: "El Reino de los cielos es semejante a diez jóvenes, que tomando sus lámparas, salieron al encuentro del esposo. Cinco de ellas eran descuidadas y cinco, previsoras. Como el esposo tardaba, les entró sueño a todas y se durmieron.

A medianoche se oyó un grito: '¡Ya viene el esposo! ¡Salgan a su encuentro!' Se levantaron entonces todas aquellas jóvenes y se pusieron a preparar sus lámparas, y las descuidadas dijeron a las previsoras: 'Dennos un poco de su aceite, porque nuestras lámparas se están apagando'.

Las previsoras les contestaron: 'No, porque no va a alcanzar para ustedes y para nosotras. Vayan mejor a donde lo venden y cómprenlo'.

Mientras aquéllas iban a comprarlo, llegó el esposo, y las que estaban listas entraron con él al banquete de bodas y se cerró la puerta. Más tarde llegaron las otras jóvenes y dijeron: 'Señor, señor, ábrenos'. Pero él les respondió: 'Yo les aseguro que no las conozco'.

Estén, pues, preparados, porque no saben ni el día ni la hora".

Reflexionar la palabra

Los padres de familia a menudo nos preparamos para un sinfín de reuniones con la parentela, cuidamos los arreglos y ponemos cada detalle en orden. La preparación es esencial, sea que nos preparemos para una fiesta de cumpleaños, una reunión familiar o una boda como en el evangelio de hoy. En la época de Jesús, se usaba aceite en lámparas de barro para dar luz. Cinco de las jóvenes traen aceite extra, para que sus lámparas permanezcan encendidas, mientras que cinco jóvenes insensatas no están preparadas y no tienen el aceite necesario. Se encuentran en la oscuridad, excluidas del banquete de bodas. Debemos ser diligentes en nuestra preparación espiritual, para poder caminar en la luz.

•••••• CAMINO A MISA

Pregunten a sus hijos: "¿Cómo podemos prepararnos para recibir a Jesús cuando venga a nosotros?". Piensen en las formas en que se preparan para la misa y para recibir a Jesús en la Eucaristía. ¿Qué más pueden hacer para preparar sus corazones para la misa?

CAMINO A CASA ••••••

¿Qué creen que quiso decir Jesús cuando habló de mantener nuestra luz encendida? ¿Cómo podemos asegurarnos de estar listos para recibirlo cuando venga?

Vivir la palabra

Recuerden la respuesta de sus hijos a la pregunta de cómo mantener nuestra luz encendida. Invítenlos a elegir una idea para vivir la próxima semana, de modo que estén preparados para recibir al Esposo.

Trigésimo tercer Domingo del Tiempo Ordinario

Escuchar la Palabra

Mateo 25:14–15, 19–21

En el nombre del Padre, del Hijo y del Espíritu Santo.

En aquel tiempo, Jesús dijo a sus discípulos esta parábola:
"El Reino de los cielos se parece también a un hombre que iba a salir de viaje a tierras lejanas; llamó a sus servidores de confianza y les encargó sus bienes. A uno le dio cinco talentos; a otro, dos; y a un tercero, uno, según la capacidad de cada uno, y luego se fue.

Después de mucho tiempo regresó aquel hombre y llamó a cuentas a sus servidores. Se acercó el que había recibido cinco talentos y le presentó otros cinco, diciendo: 'Señor, cinco talentos me dejaste; aquí tienes otros cinco, que con ellos he ganado'. Su señor le dijo: 'Te felicito, siervo bueno y fiel. Puesto que has sido fiel en cosas de poco valor te confiaré cosas de mucho valor. Entra a tomar parte en la alegría de tu señor'".

Reflexionar la palabra

A menudo somos los primeros en notar la aparición de nuevos talentos en la vida de nuestros hijos. Nuestra tarea es indicarlos y ayudar a que nuestros hijos los cultiven y ejerciten. Cuando buscan usar los dones que Dios les ha dado, nuestros hijos quizá sientan temor a probar cosas nuevas. Alentémoslos a tomar nuevos riesgos confiándoles mayores responsabilidades a medida que crecen, y mostrándoles nuestra fe en sus capacidades y apoyándolos en todo el proceso. Finalmente, todos anhelamos escuchar "Bien hecho, mi buen y fiel servidor". Asegúrense de ofrecer palabras que afirmen y generen confianza en sus hijos para que usen sus dones y talentos.

······ CAMINO A MISA

Pregunten a sus hijos: "¿Por qué las personas tienen dones tan diferentes? ¿Qué crees que Dios quiere que hagas con tus dones?".

CAMINO A CASA ······

¿Qué pasa si no usamos nuestros dones? ¿Qué sucede cuando usamos nuestros dones? ¿A quién pertenecen estos talentos?

Vivir la palabra

Hagan una lista de talentos o dones de cada miembro de la familia. Lean la lista en voz alta, afirmando a cada persona, y tal vez ofreciendo ejemplos de cómo se muestra ese don en la vida diaria. Invite a cada miembro de la familia a considerar qué don, habilidad o talento disfruta más y cómo se puede usar ese don para edificar el reino de Dios.

Nuestro Señor Jesucristo, Rey del Universo

Escuchar la Palabra

Mateo 25:31-40

En el nombre del Padre, del Hijo y del Espíritu Santo.

En aquel tiempo, Jesús dijo a sus discípulos: "Cuando venga el Hijo del hombre, rodeado de su gloria, acompañado de todos sus ángeles, se sentará en su trono de gloria. Entonces serán congregadas ante él todas las naciones, y él apartará a los unos de los otros, como aparta el pastor a las ovejas de los cabritos, y pondrá a las ovejas a su derecha y a los cabritos a su izquierda.

Entonces dirá el rey a los de su derecha: 'Vengan, benditos de mi Padre; tomen posesión del Reino preparado para ustedes desde la creación del mundo; porque estuve hambriento y me dieron de comer, sediento y me dieron de beber, era forastero y me hospedaron, estuve desnudo y me vistieron, enfermo y me visitaron, encarcelado y fueron a verme'. Los justos le contestarán entonces: 'Señor, ¿cuándo te vimos hambriento y te dimos de comer, sediento y te dimos de beber? ¿Cuándo te vimos de forastero y te hospedamos, o desnudo y te vestimos? ¿Cuándo te vimos enfermo o encarcelado y te fuimos a ver?' Y el rey les dirá: 'Yo les aseguro que, cuando lo hicieron con el más insignificante de mis hermanos, conmigo lo hicieron'".

Reflexionar la palabra

¡No hay que ir muy lejos para cuidar a los más vulnerables! ·
Servimos a los hambrientos y sedientos cada vez que
hacemos un sándwich de mantequilla de maní y mermelada
u ofrecemos un vaso de agua o de leche a nuestros hijos.
Brindamos refugio a nuestros hijos en nuestro útero,
luego en nuestros brazos, y los vestimos con pañales y ropa
(que trae su propia alegría de lavar la ropa para siempre).
Reconocemos los dones de los más jóvenes y los más pequeños, persiguiendo a los hermanos mayores, queriendo
unírseles, pero sintiéndose aprisionados en su pequeñez.
Cada vez que actuamos con misericordia hacia los más
vulnerables entre nosotros, mostramos misericordia a Jesús.

......CAMINO A MISA

Pregunten a sus hijos: "¿Cuándo fue la última vez que vieron a
alguien en necesidad? ¿Hambriento? ¿Sediento? ¿Un extranjero?
¿Desnudo? ¿Enfermo? ¿Encarcelado? ¿Qué hicieron para respon-
derle? ¿Qué pueden hacer la próxima vez?".

CAMINO A CASA ......

¿Quiénes son los "más pequeños entre nosotros", y por qué
debemos ser bondadosos con ellos?

Vivir la palabra

Seamos deliberados en nuestros actos de bondad hacia
"los más pequeños". ¿Cómo puede vivir nuestra familia las
obras de misericordia corporales esta semana? Escojamos
una obra de misericordia y discernamos cómo mostrar el
amor y la bondad de Dios esta semana.

3 de diciembre de 2023

Primer Domingo de Adviento

Escuchar la Palabra

Marcos 13:33–37

En el nombre del Padre, del Hijo y del Espíritu Santo.

En aquel tiempo, Jesús dijo a sus discípulos: "Velen y estén preparados, porque no saben cuándo llegará el momento. Así como un hombre que se va de viaje, deja su casa y encomienda a cada quien lo que debe hacer y encarga al portero que esté velando, así también velen ustedes, pues no saben a qué hora va a regresar el dueño de la casa: si al anochecer, a la medianoche, al canto del gallo o a la madrugada. No vaya a suceder que llegue de repente y los halle durmiendo. Lo que les digo a ustedes, lo digo para todos: permanezcan alerta".

Reflexionar la palabra

Los padres hemos pasado noches en vela calentando biberones, pendientes de un hijo enfermo o expectantes de la llegada del hijo que se fue con sus amigos. Incluso estando cansados o fatigados, siempre estamos atentos a las necesidades de nuestros hijos. Esto mismo debemos hacer en nuestra vida espiritual. Somos siervos de Dios, y él nos ha confiado tareas específicas, algo particular que hacer. Sabemos que él viene. ¿Cómo mantener nuestros ojos y nuestro corazón atentos a su regreso, para que estemos listos a acogerlo cuando él llegue?

······ CAMINO A MISA

Velar es estar vigilantes. ¿Cómo vamos a aguardar a Jesús hoy?

CAMINO A CASA ······

¿Estamos atentos a todas las formas en que Jesús viene a nosotros?

Vivir la palabra

Hagan un cartel de ¡ATENCIÓN! ¡JESÚS VIENE! y anote cada vez que un miembro de la familia se dé cuenta de cómo o cuándo Jesús ha venido a su hogar o a su corazón. Puede ser un momento en el patio de la escuela, en el supermercado o la mesa de la cocina. Anoten la fecha, la hora y una breve descripción que ayude a rastrear qué tan conscientes somos de la presencia de Jesús en nuestro día. Queremos que, con este ejercicio, la familia esté más en sintonía con las muchas ocasiones en que Dios se nos presenta en la vida diaria.

Inmaculada Concepción de la Bienaventurada Virgen María

Escuchar la Palabra

Lucas 1:26-38

En el nombre del Padre, del Hijo y del Espíritu Santo.

En aquel tiempo, el ángel Gabriel fue enviado por Dios a una ciudad de Galilea, llamada Nazaret, a una virgen desposada con un varón de la estirpe de David, llamado José. La virgen se llamaba María.

Entró el ángel a donde ella estaba y le dijo: "Alégrate, llena de gracia, el Señor está contigo". Al oír estas palabras, ella se preocupó mucho y se preguntaba qué querría decir semejante saludo.

El ángel le dijo: "No temas, María, porque has hallado gracia ante Dios. Vas a concebir y a dar a luz un hijo y le pondrás por nombre Jesús. El será grande y será llamado Hijo del Altísimo; el Señor Dios le dará el trono de David, su padre, y él reinará sobre la casa de Jacob por los siglos y su reinado no tendrá fin".

María le dijo entonces al ángel: "¿Cómo podrá ser esto, puesto que yo permanezco virgen?". El ángel le contestó: "El Espíritu Santo descenderá sobre ti y el poder del Altísimo te cubrirá con su sombra. Por eso, el Santo, que va a nacer de ti, será llamado Hijo de Dios. Ahí tienes a tu parienta Isabel, que, a pesar de su vejez, ha concebido un hijo y ya va en el sexto mes la que llamaban estéril, porque no hay nada imposible para Dios". María contestó: "Yo soy la esclava del Señor, cúmplase en mí lo que me has dicho". Y el ángel se retiró de su presencia.

Reflexionar la palabra

María aguardaba al Mesías y el ángel Gabriel le dio una noticia asombrosa: ¡que sería la madre del Señor! Preguntémonos, ¿qué hizo a esta jovencita tan especial? Ella era humilde, no rica; ni era orgullosa ni famosa. Sin embargo, Dios la eligió para esa gran tarea y ella respondió. Tras la visita de Gabriel, María espera la llegada de su hijo. ¿Cómo podemos unirnos a María en su espera?

• • • • • • CAMINO A MISA

Miremos al Espíritu Santo en el evangelio. ¿Cuál es su obra? ¿Qué nos revela el Espíritu Santo de este niño y de esta madre?

CAMINO A CASA • • • • • •

María le dijo al ángel que ella era la esclava del Señor. ¿Qué significa esto? ¿Cómo quiere el Señor que cada miembro de nuestro hogar lo sirva? ¿Dónde percibimos al Espíritu Santo en nuestro servicio a Dios? ¿Alguna vez han dicho ustedes sí a Dios? Cuenten cómo fue.

Vivir la palabra

El saludo del ángel a María nos es muy familiar por el Rosario: "¡Alégrate, llena de gracia! ¡El Señor está contigo!". Escriban estas palabras en una tarjeta o que sus hijos dibujen una imagen de la aparición del ángel Gabriel a María. Cada noche de esta semana, recen el Avemaría en familia.

Segundo Domingo de Adviento

Escuchar la Palabra

Marcos 1:1–5, 7–8

En el nombre del Padre, del Hijo y del Espíritu Santo.

Éste es el principio del Evangelio de Jesucristo, Hijo de Dios. En el libro del profeta Isaías está escrito: / He aquí que yo envío a mi mensajero delante de ti, / a preparar tu camino. / Voz del que clama en el desierto: / "Preparen el camino del Señor, / enderecen sus senderos".

En cumplimiento de esto, apareció en el desierto Juan el Bautista predicando un bautismo de arrepentimiento, para el perdón de los pecados. A él acudían de toda la comarca de Judea y muchos habitantes de Jerusalén; reconocían sus pecados y él los bautizaba en el Jordán.

Juan usaba un vestido de pelo de camello, ceñido con un cinturón de cuero y se alimentaba de saltamontes y miel silvestre. Proclamaba: "Ya viene detrás de mí uno que es más poderoso que yo, uno ante quien no merezco ni siquiera inclinarme para desatarle la correa de sus sandalias. Yo los he bautizado a ustedes con agua, pero él los bautizará con el Espíritu Santo".

Reflexionar la palabra

El libro del profeta Isaías anticipa un profeta que vendrá a preparar el camino del Señor. Juan el Bautista fue ese enviado por Dios para ayudar a las personas a prepararse para la venida de Jesús; las invitó a arrepentirse de sus pecados y volverse al Señor. A medida que continuamos con nuestros preparativos para la Navidad, ¿cómo nos aseguramos de que no sean sólo externos, sino también interiores (el corazón)? Dense tiempo de tranquilidad durante esta temporada de Adviento para orientar el corazón al Señor.

······ CAMINO A MISA

Preparar significa disponer algo con un fin. ¿Qué podría significar "Preparen el camino del Señor"?

CAMINO A CASA ······

"Yo los he bautizado a ustedes con agua, pero él los bautizará con el Espíritu Santo". ¿Cómo relacionan ustedes su propio bautismo con su tarea de preparar el camino del Señor?

VIVIR LA PALABRA

Juan el Bautista preparó el camino para la venida del Mesías. ¿Cómo dispondremos nuestro corazón y nuestro hogar para la venida de Jesús? En esta época del año, muchas familias colocan adornos para prepararse para la Navidad. Dediquen tiempo para orar juntos y bendecir su árbol de Navidad o su Nacimiento o belén.

Tercer Domingo de Adviento

Escuchar la Palabra

Juan 1:6–8, 19–20, 23–28

En el nombre del Padre, del Hijo y del Espíritu Santo.

Hubo un hombre enviado por Dios, que se llamaba Juan. Este vino como testigo, para dar testimonio de la luz, para que todos creyeran por medio de él. Él no era la luz, sino testigo de la luz.

Éste es el testimonio que dio Juan el Bautista, cuando los judíos enviaron desde Jerusalén a unos sacerdotes y levitas para preguntarle: "¿Quién eres tú?". Él reconoció y no negó quién era. Él afirmó: "Yo no soy el Mesías... *Yo soy la voz que grita en el desierto: 'Enderecen el camino del Señor'*, como anunció el profeta Isaías".

Los enviados, que pertenecían a la secta de los fariseos, le preguntaron: "Entonces ¿por qué bautizas, si no eres el Mesías, ni Elías, ni el profeta?". Juan les respondió:

"Yo bautizo con agua, pero en medio de ustedes hay uno, al que ustedes no conocen, alguien que viene detrás de mí, a quien yo no soy digno de desatarle las correas de sus sandalias".

Esto sucedió en Betania, en la otra orilla del Jordán, donde Juan bautizaba.

Reflexionar la palabra

La misión de Juan el Bautista fue orientar a otros hacia Jesús. Es nuestro papel de padres, ¿correcto? Orientamos a nuestros hijos hacia Jesús de muchas maneras: exhibiendo imágenes de Jesús en nuestro hogar, orando y pronunciando el santo nombre de Jesús, y enseñándoles cómo hacer la señal de la cruz y los gestos y respuestas apropiados en misa. Compartir nuestra fe con nuestros hijos es una tarea grande e importante. ¡Dios nos ha llamado a orientar a nuestros hijos hacia Jesús! Para hacer esto, pidan la guía del Espíritu Santo.

・・・・・・CAMINO A MISA

¿Qué significa ser testigo?

CAMINO A CASA ・・・・・・

¿Cómo da testimonio Juan Bautista de la luz que está por venir?

Vivir la palabra

Pasen en familia tiempo juntos y piensen en todos los caminos que Jesús los invita a recorrer como hijos de la luz. ¿Cómo nos llama Dios a hablar por la luz? ¿Damos testimonio de la luz por nuestros modos de vivir? Enciendan una vela (ya sea real o de baterías por motivos de seguridad) y colóquenla en la mesa donde su familia come junta para recordatorio de nuestra vocación de llevar la luz de Cristo a quienes nos rodean.

24 de diciembre de 2023

Cuarto Domingo de Adviento

Escuchar la Palabra

Lucas 1:26-28, 30-33, 35-38

En el nombre del Padre, del Hijo y del Espíritu Santo.

En aquel tiempo, el ángel Gabriel fue enviado por Dios a una ciudad de Galilea, llamada Nazaret, a una virgen desposada con un varón de la estirpe de David, llamado José. La virgen se llamaba María.

Entró el ángel a donde ella estaba y le dijo: "Alégrate, llena de gracia, el Señor está contigo. No temas, María, porque has hallado gracia ante Dios. Vas a concebir y a dar a luz un hijo y le pondrás por nombre Jesús. Él será grande y será llamado Hijo del Altísimo; el Señor Dios le dará el trono de David, su padre, y él reinará sobre la casa de Jacob por los siglos y su reinado no tendrá fin.

El Espíritu Santo descenderá sobre ti y el poder del Altísimo te cubrirá con su sombra. Por eso, el Santo, que va a nacer de ti, será llamado Hijo de Dios. Ahí tienes a tu parienta Isabel, que, a pesar de su vejez, ha concebido un hijo y ya va en el sexto mes la que llamaban estéril, porque no hay nada imposible para Dios". María contestó: "Yo soy la esclava del Señor; cúmplase en mí lo que me has dicho". Y el ángel se retiró de su presencia.

Reflexionar la palabra

El evangelio de hoy nos invita a reflexionar en los nombres de Jesús. Primero, el ángel le dice a María que dará a luz un hijo, cuyo nombre será Jesús. El ángel también le revela que ese niño será llamado Hijo del Altísimo e Hijo de Dios. Darle el título de "Hijo de" implica una relación muy estrecha con Dios, porque Jesús es Dios hecho carne. Finalmente, el ángel también nos dice que Jesús proviene de una larga línea de siervos de Dios, tanto de la casa de David como de la casa de Jacob, que son dos nombres poderosos en la historia de la salvación. Decir Jesús es algo tan rico, tan grande, tan misterioso que no se encapsula en un solo nombre o imagen; se necesitan muchos nombres para que entendamos quién es él.

• • • • • • CAMINO A MISA

Jesús significa "el que salva". Fíjense con qué frecuencia nos referimos al santo nombre de Jesús o a Jesús como Salvador durante la misa.

CAMINO A CASA • • • • • •

El Espíritu Santo forma parte de la historia del nacimiento de Jesús. ¿Cómo ha estado con ustedes el Espíritu Santo desde los primeros días de sus vidas?

Vivir la palabra

Hagan una lista de todos los nombres de Jesús que puedan recordar. Encierren en un círculo el nombre que usan con más frecuencia para referirse a Jesús. Subrayen el nombre que usarán al orar durante esta semana.

Natividad del Señor

Escuchar la Palabra

Juan 1:1-5, 14

En el nombre del Padre, del Hijo y del Espíritu Santo.

Por aquellos días, se promulgó un edicto de César Augusto, que ordenaba un censo de todo el imperio. Este primer censo se hizo cuando Quirino era gobernador de Siria. Todos iban a empadronarse, cada uno en su propia ciudad; así es que también José, perteneciente a la casa y familia de David, se dirigió desde la ciudad de Nazaret, en Galilea, a la ciudad de David, llamada Belén, para empadronarse, juntamente con María, su esposa, que estaba encinta.

Mientras estaban ahí, le llegó a María el tiempo de dar a luz y tuvo a su hijo primogénito; lo envolvió en pañales y lo recostó en un pesebre, porque no hubo lugar para ellos en la posada.

En aquella región había unos pastores que pasaban la noche en el campo, vigilando por turno sus rebaños. Un ángel del Señor se les apareció y la gloria de Dios los envolvió con su luz y se llenaron de temor. El ángel les dijo: "No teman. Les traigo una buena noticia, que causará gran alegría a todo el pueblo: hoy les ha nacido, en la ciudad de David, un Salvador, que es el Mesías, el Señor. Esto les servirá de señal: encontrarán al niño envuelto en pañales y recostado en un pesebre". De pronto se le unió al ángel una multitud del ejército celestial, que alababa a Dios, diciendo: "¡Gloria a Dios en el cielo, y en la tierra paz a los hombres de buena voluntad!"

Reflexionar la palabra

María envolvió a su bebé en pañales. Los bebés recién nacidos se sienten seguros y cómodos cuando están envueltos en una manta. Entonces María lo acuesta en un pesebre, que es un comedero para los animales. Jesús es tan precioso, pero está colocado en un pesebre donde se alimentan los animales. Este niño nace en condiciones tan humildes y, sin embargo, será un regalo que traerá alegría para todas las personas, gloria a Dios y paz en la tierra.

•••••• CAMINO A MISA

Hoy escucharemos sobre los pastores que visitan al niño Jesús después de su nacimiento. Quizás los pastores no sabían claramente quién era Jesús entonces, pero nosotros sí lo sabemos hoy. ¿Qué sabemos de Jesús?

CAMINO A CASA ••••••

¿Qué les dijo el ángel a los pastores? "No teman... encontrarán al niño envuelto en pañales y recostado en un pesebre". ¿Por qué creen que Jesús vino como un bebé indefenso envuelto en pañales en lugar de como un rey poderoso con un ejército? ¿Qué podría significar esto para nosotros?

Vivir la palabra

¿Qué necesitan los bebés? Hagan una lista. Aunque no podamos comprar artículos para el niño Jesús o para un niño necesitado, podemos ofrecerle algo a Jesús en este momento. Siéntense tranquilamente en su espacio de oración o frente al pesebre, cuéntenle a Jesús lo que hay en su corazón. Pueden decirlo en voz alta o en voz baja en su corazón, o escribirlo como una oración.

Sagrada Familia de Jesús, María y José

Escuchar la Palabra

Lucas 2:22, 39–40

En el nombre del Padre, del Hijo y del Espíritu Santo.

Transcurrido el tiempo de la purificación de María, según la ley de Moisés, ella y José llevaron al niño a Jerusalén para presentarlo al Señor. Cuando cumplieron todo lo que prescribía la ley del Señor, se volvieron a Galilea, a su ciudad de Nazaret. El niño iba creciendo y fortaleciéndose, se llenaba de sabiduría y la gracia de Dios estaba con él.

Reflexionar la palabra

En cada comunidad, existen rituales y deberes para los nuevos padres. María y José cumplieron con la ley de Moisés y los usos después del nacimiento de Jesús. El niño Jesús fue educado en esta obediencia, en esta fe. Como María y José, nosotros, los padres de familia, hemos de modelar la fe para nuestros hijos. No sabemos mucho de los años de infancia de Jesús, sólo que "El niño crecía y se fortalecía, se llenaba de sabiduría; y la gracia de Dios estaba con él". ¿Cómo cultivamos en nuestros hogares un ambiente donde nuestros hijos crezcan en la fe y encuentren el favor de Dios?

......CAMINO A MISA

El bautismo es nuestro nacimiento en la familia de Dios; así es como nos convertimos también en miembros de la Iglesia. Compartan la historia de los bautizos de sus hijos con ellos.

CAMINO A CASA ......

El evangelio de hoy nos habla de Jesús, y que la gracia de Dios estaba con él. ¿Qué significa esto de vivir en gracia de Dios?

Vivir la palabra

¿Cómo conmemoramos el aniversario del bautismo de los miembros de nuestra familia? Además de contar la historia del día, exhiban las fotos (o muestren el video del día), la vela bautismal y la vestidura blanca en un lugar especial o mesa de oración en su hogar. Pidan al párroco un poco de agua bendita y bendíganse unos a otros en casa. Finalmente, escriban una carta de agradecimiento a los padrinos y al sacerdote o diácono que bautizó a cada miembro de la familia.

Epifanía del Señor

Escuchar la Palabra

Mateo 2:7–12

En el nombre del Padre, del Hijo y del Espíritu Santo.

Entonces Herodes llamó en secreto a los magos, para que le precisaran el tiempo en que se les había aparecido la estrella y los mandó a Belén, diciéndoles: "Vayan a averiguar cuidadosamente qué hay de ese niño, y cuando lo encuentren, avísenme para que yo también vaya a adorarlo".

Después de oír al rey, los magos se pusieron en camino, y de pronto la estrella que habían visto surgir, comenzó a guiarlos, hasta que se detuvo encima de donde estaba el niño. Al ver de nuevo la estrella, se llenaron de inmensa alegría. Entraron en la casa y vieron al niño con María, su madre, y postrándose, lo adoraron. Después, abriendo sus cofres, le ofrecieron regalos: oro, incienso y mirra.

Advertidos durante el sueño de que no volvieran a Herodes, regresaron a su tierra por otro camino.

Reflexionar la palabra

Los Reyes Magos buscan al rey recién nacido. ¿Quién es este niño? Es un rey, a quien le ofrecerán un tributo de oro. Se le reconoce como Dios, lo que se representa con el don del incienso. Finalmente, también se le reconoce como humano con el don de la mirra, un perfume que se utiliza para ungir a los muertos. El evangelio de hoy nos dará más pistas sobre la identidad de este niño.

• • • • • • CAMINO A MISA

Los Reyes Magos vieron una gran estrella que se elevaba en el cielo y la siguieron hasta Belén. ¿Por qué un bebé tendría una estrella tan increíble marcando su llegada?

CAMINO A CASA • • • • • •

¿De qué manera los eventos en el evangelio de hoy nos indican más de por quién vino Jesús? Los pastores vivían cerca de Belén y eran judíos. ¿Qué pasa con los Reyes Magos?

Vivir la palabra

Incluso con la estrella para guiarlos, los Magos necesitaron más ayuda para encontrar a Jesús. ¿A quién recurrimos cuando necesitamos ayuda o consejo sobre qué hacer o qué dirección tomar? ¿Recurrimos en oración a Dios? Escriban una oración pidiendo ayuda a Dios para cualquier cosa con la que necesiten ayuda. ¿Hay otras formas en que podemos hacerle saber a Dios que lo necesitamos?

Segundo Domingo del Tiempo Ordinario

Escuchar la Palabra

Juan 1:35–42

En el nombre del Padre, del Hijo y del Espíritu Santo.

En aquel tiempo, estaba Juan el Bautista con dos de sus discípulos, y fijando los ojos en Jesús, que pasaba, dijo: "Éste es el Cordero de Dios". Los dos discípulos, al oír estas palabras, siguieron a Jesús. Él se volvió hacia ellos, y viendo que lo seguían, les preguntó: "¿Qué buscan?". Ellos le contestaron: "¿Dónde vives, Rabí?" (Rabí significa "maestro"). Él les dijo: "Vengan a ver".

Fueron, pues, vieron dónde vivía y se quedaron con él ese día. Eran como las cuatro de la tarde. Andrés, hermano de Simón Pedro, era uno de los dos que oyeron lo que Juan el Bautista decía y siguieron a Jesús. El primero a quien encontró Andrés, fue a su hermano Simón, y le dijo: "Hemos encontrado al Mesías" (que quiere decir "el Ungido"). Lo llevó a donde estaba Jesús y éste fijando en él la mirada, le dijo: "Tú eres Simón, hijo de Juan. Tú te llamarás Kefás" (que significa Pedro, es decir "roca").

Reflexionar la palabra

Los seguidores de Jesús somos parte de una comunidad. Nadie es discípulo de Jesús aisladamente. En el evangelio, Jesús llama a dos hermanos, Andrés y Pedro, para que sean sus discípulos. Jesús sabía lo importante que es tener una familia. Todos necesitamos un grupo de apoyo y aliento, y una comunidad para celebrar y compartir el encuentro con el Señor. ¡Afortunadamente, tenemos una comunidad integrada en los miembros de nuestra familia! ¿Cuán ansiosos estamos de compartir lo que hemos encontrado con los miembros de nuestra familia?

......CAMINO A MISA

Jesús sigue llamando discípulos. ¿Cómo podemos escuchar su voz hoy? ¿Cómo nos habla a través de su Palabra y del lenguaje de signos en la misa? Busquen gestos específicos en la misa; algunos gestos son para el sacerdote, otros gestos los hacemos nosotros también.

CAMINO A CASA ......

¿Qué gestos vieron en la misa? ¿Qué palabras acompañan a esos gestos? ¿Hay gestos de la Iglesia que podamos hacer en familia en casa?

Vivir la palabra

Nuestra familia forma una Iglesia doméstica o Iglesia del hogar. Fomentamos hábitos santos en la vida familiar y rituales que nos ayuden a seguir a Jesús. Importa mucho que nuestros hijos escuchen las palabras de las oraciones de sus padres y viceversa. Los miembros de la familia escriban una oración agradeciendo a Dios por su Iglesia doméstica y por la parroquia. Lean sus oraciones en voz alta y colóquenlas en su mesa de oración para volver a leerlas.

Tercer Domingo del Tiempo Ordinario

Escuchar la Palabra

Marcos 1:14-20

En el nombre del Padre, del Hijo y del Espíritu Santo.

Después de que arrestaron a Juan el Bautista, Jesús se fue a Galilea para predicar el Evangelio de Dios y decía: "Se ha cumplido el tiempo y el Reino de Dios ya está cerca. Arrepiéntanse y crean en el Evangelio".

Caminaba Jesús por la orilla del lago de Galilea, cuando vio a Simón y a su hermano, Andrés, echando las redes en el lago, pues eran pescadores. Jesús les dijo: "Síganme y haré de ustedes pescadores de hombres". Inmediatamente dejaron las redes y lo siguieron.

Un poco más adelante, vio a Santiago y a Juan, hijos de Zebedeo, que estaban en una barca, remendando sus redes. Los llamó, y ellos, dejando en la barca a su padre con los trabajadores, se fueron con Jesús.

Reflexionar la palabra

Los pescadores abandonaron sus redes para seguir a Jesús. Nunca dudaron o cuestionaron esa decisión. Tan seguros estaban que ni pusieron excusas para evadir el llamado. ¡Santiago y Juan dejaron incluso a su padre en su barca de pesca para seguir a Jesús! ¿Con qué frecuencia ponemos excusas por no responder al Señor cuando nos llama? ¿Cómo ayudamos a nuestros hijos a estar quietos para que escuchen el llamado de Dios y respondan con prontitud a la obra del Espíritu en sus vidas?

······CAMINO A MISA

Si hoy Jesús nos pidiera dejar todo atrás para seguirlo, ¿cómo responderíamos?

CAMINO A CASA······

Simón, Andrés, Santiago y Juan dejaron su oficio de pescadores para seguir a Jesús. ¿Qué nos ayuda a ser capaces de seguir a Jesús?

Vivir la palabra

Los pescadores en el evangelio de hoy lo dejaron todo para seguir a Jesús y volverse pescadores de hombres. Todo discípulo de Jesús está llamado a proclamar la Buena Nueva de Cristo. También nosotros hemos sido enviados a compartir la Buena Nueva. ¿Qué historia de Jesús compartirán ustedes? Elijan un momento esta semana para compartir sus historias entre ustedes. Lean esa historia en su Biblia y digan por qué es su favorita o escríbanla con sus propias palabras o dibujen una escena de la historia para compartir con su familia.

Cuarto Domingo del Tiempo Ordinario

Escuchar la Palabra

Marcos 1:21-28

En el nombre del Padre, del Hijo y del Espíritu Santo.

En aquel tiempo, se hallaba Jesús en Cafarnaúm y el sábado fue a la sinagoga y se puso a enseñar. Los oyentes quedaron asombrados de sus palabras, pues enseñaba como quien tiene autoridad y no como los escribas.

Había en la sinagoga un hombre poseído por un espíritu inmundo, que se puso a gritar: "¿Qué quieres tú con nosotros, Jesús de Nazaret? ¿Has venido a acabar con nosotros? Ya sé quién eres: el Santo de Dios". Jesús le ordenó: "¡Cállate y sal de él!". El espíritu inmundo, sacudiendo al hombre con violencia y dando un alarido, salió de él. Todos quedaron estupefactos y se preguntaban: "¿Qué es esto? ¿Qué nueva doctrina es ésta? Este hombre tiene autoridad para mandar hasta a los espíritus inmundos y lo obedecen". Y muy pronto se extendió su fama por toda Galilea.

Reflexionar la palabra

El espíritu inmundo reconoce a Jesús y quiere dominarlo: "Ya sé quién eres: el Santo de Dios". Sin embargo, Jesús lo vence y causa asombro con su enseñanza entre los asistentes a la sinagoga; se preguntan: "¿Qué es esto?". ¿Con qué frecuencia nos asombramos de nuestros encuentros con el Señor? ¿Reconocemos sus poderosas acciones en nuestra vida cotidiana?

·····CAMINO A MISA

¿Qué significa ser santo? ¿Cómo somos santificados cada uno de nosotros? Nuestro hogar es un lugar sagrado. ¿Cómo se hace visible eso?

CAMINO A CASA ·····

¿Por qué creen que la gente escuchaba a Jesús cuando hablaba? ¿Por qué escuchamos nosotros a Jesús?

Vivir la palabra

En el Credo, profesamos que somos una Iglesia, santa, católica y apostólica. La palabra santo significa ser apartado para un propósito especial por y para Dios. Conversen en familia sobre a quién conocen que haya sido apartado para la obra de Dios. (Pista: ¡cada uno de nosotros!). Inviten a cada miembro de la familia a considerar cómo Dios lo llama a la santidad esta semana.

Quinto Domingo del Tiempo Ordinario

Escuchar la Palabra

Marcos 1:29-39

En el nombre del Padre, del Hijo y del Espíritu Santo.

En aquel tiempo, al salir Jesús de la sinagoga, fue con Santiago y Juan a casa de Simón y Andrés. La suegra de Simón estaba en cama, con fiebre, y enseguida le avisaron a Jesús. Él se le acercó, y tomándola de la mano, la levantó. En ese momento se le quitó la fiebre y se puso a servirles.

Al atardecer, cuando el sol se ponía, le llevaron a todos los enfermos y poseídos del demonio, y todo el pueblo se apiñó junto a la puerta. Curó a muchos enfermos de diversos males y expulsó a muchos demonios, pero no dejó que los demonios hablaran, porque sabían quién era él.

De madrugada, cuando todavía estaba muy oscuro, Jesús se levantó, salió y se fue a un lugar solitario, donde se puso a orar. Simón y sus compañeros lo fueron a buscar, y al encontrarlo, le dijeron: "Todos te andan buscando". Él les dijo: "Vamos a los pueblos cercanos para predicar también allá el Evangelio, pues para eso he venido".

Y recorrió toda Galilea, predicando en las sinagogas y expulsando a los demonios.

Reflexionar la palabra

En medio del ajetreo que pinta el evangelio de hoy, Jesús todavía se da tiempo para orar. Igual que a Jesús, a los padres nos puede parecer que los demás siempre recurren a nosotros o necesitan algo de nosotros. Él nos muestra que es en esos momentos cuando necesitamos darnos tiempo para orar. Necesitamos tiempo con el Señor para recibir la fuerza necesaria para el importante trabajo de cuidar a los que nos rodean. ¿Cómo podemos dedicar tiempo para alejarnos del ajetreo de la vida cotidiana y pasarlo en silencio con Dios?

•••••• CAMINO A MISA

¿Cómo programamos el tiempo para orar en nuestra vida familiar, juntos, especialmente cuando estamos más ocupados?

CAMINO A CASA ••••••

Cuando Jesús sana a la suegra de Pedro, ella se levanta y los atiende. ¿Cómo respondemos cuando alguien nos ha mostrado bondad y compasión?

Vivir la palabra

Jesús compadecido sana a la suegra de Pedro. También nosotros debemos ser compasivos con los enfermos. Elaboren una tarjeta deseando la recuperación de alguien que está enfermo o haga una nota pensando para una persona mayor de su vecindario. Si no conocen a nadie a quién enviárselas, entreguen la correspondencia a su párroco u otro ministro del cuidado pastoral que se encargue de las visitas a los enfermos y a los confinados en sus hogares.

Sexto Domingo del Tiempo Ordinario

Escuchar la Palabra

Marcos 1:40-45

En el nombre del Padre, del Hijo y del Espíritu Santo.

En aquel tiempo, se le acercó a Jesús un leproso para suplicarle de rodillas: "Si tú quieres, puedes curarme". Jesús se compadeció de él, y extendiendo la mano, lo tocó y le dijo: "¡Sí quiero: Sana!". Inmediatamente se le quitó la lepra y quedó limpio.

Al despedirlo, Jesús le mandó con severidad: "No se lo cuentes a nadie; pero para que conste, ve a presentarte al sacerdote y ofrece por tu purificación lo prescrito por Moisés".

Pero aquel hombre comenzó a divulgar tanto el hecho, que Jesús no podía ya entrar abiertamente en la ciudad, sino que se quedaba fuera, en lugares solitarios, a donde acudían a él de todas partes.

Reflexionar la palabra

Jesús se encuentra con un leproso que ruega ser limpiado. Estar limpio le significaba poderse reincorporar a la comunidad, en lugar de vivir como un paria. Jesús pudo ver a este hombre con ojos compasivos y ofrecerle una salida a su vida de sufrimiento. Cuando experimentamos dolor, miseria y angustia, nos damos cuenta de cuánto nos necesitamos unos a otros y a Dios. ¿Cómo compartimos el amor y la cercanía de Dios con los que se sienten apartados del apoyo de la comunidad?

...... CAMINO A MISA

¿Alguna vez nos hemos sentido excluidos, marginados o aislados de los demás? ¿Qué se siente ser incluidos de nuevo?

CAMINO A CASA ......

Durante la semana, nos ocupamos con tareas escolares, quehaceres del hogar y otras cosas que llenan nuestros días. En esos momentos, ¿qué hacer para recordarnos acudir a Jesús en busca de ayuda?

Vivir la palabra

Nuestros amigos mayores o confinados pueden sentirse olvidados y excluidos de la sociedad. ¿Cómo puede nuestra familia acercarse e incluir a un vecino anciano, a un sacerdote o una hermana jubilados, o ayudar a un feligrés confinado en su hogar a sentirse conectado e incluido? Escriban una carta, llamen por teléfono, dibujen, horneen un bocadillo y háganles saber cuánto significan para su familia. Compartan historias, recuerdos y sonrisas.

Primer Domingo de Cuaresma

Escuchar la Palabra

Marcos 1:12–15

En el nombre del Padre, del Hijo y del Espíritu Santo.

En aquel tiempo, el Espíritu impulsó a Jesús a retirarse al desierto, donde permaneció cuarenta días y fue tentado por Satanás. Vivió allí entre animales salvajes, y los ángeles le servían.

Después de que arrestaron a Juan el Bautista, Jesús se fue a Galilea para predicar el Evangelio de Dios y decía: "Se ha cumplido el tiempo y el Reino de Dios ya está cerca. Arrepiéntanse y crean en el Evangelio".

Reflexionar la palabra

En el evangelio de hoy, Jesús va al desierto durante cuarenta días a orar y allí es tentado por Satanás. Él está entre las fieras, pero los ángeles vienen a servirle. Jesús necesita este tiempo de preparación antes de comenzar su ministerio público. ¿Qué pasa con nuestra propia preparación? ¿Es fácil prepararse cuando la enfermedad, el sufrimiento y la tentación nos rodean? ¿Cómo se prepara usted y su familia para esos momentos que parecen ser tan desafiantes?

······ CAMINO A MISA

Podemos tomar buenas decisiones, pero, a veces, estamos tentados a ir contra el plan de Dios. Pensemos en la última vez que tomamos una buena decisión que produjo armonía, unidad y paz.

CAMINO A CASA ······

Jesús fue al desierto a orar. ¿Qué nos dice eso de cómo prepararnos para tomar buenas decisiones? Orar y leer la Palabra de Dios, la Biblia, nos ayuda a estar cerca de él.

Vivir la palabra

Para su mesa de oración en casa, busquen un trozo de tela morada, una estola o un lienzo morado, o incluso papel de construcción morado que coloquen sobre la mesa. Cambiar el color de la tela ayuda a que los niños se concentren y observen el mismo cambio que verán en la iglesia parroquial. Decidan en familia qué otros artículos adornarán su mesa de oración durante la Cuaresma: ¿una Biblia, una vela, un crucifijo? ¿Hay alguna palabra o frase del evangelio de hoy que les gustaría incluir en su mesa de oración?

Segundo Domingo de Cuaresma

Escuchar la Palabra

Marcos 9:2–10

En el nombre del Padre, del Hijo y del Espíritu Santo.

En aquel tiempo, Jesús tomó aparte a Pedro, a Santiago y a Juan, subió con ellos a un monte alto y se transfiguró en su presencia. Sus vestiduras se pusieron esplendorosamente blancas, con una blancura que nadie puede lograr sobre la tierra. Después se les aparecieron Elías y Moisés, conversando con Jesús.

Entonces Pedro le dijo a Jesús: "Maestro, ¡qué a gusto estamos aquí! Hagamos tres chozas, una para ti, otra para Moisés y otra para Elías". En realidad no sabía lo que decía, porque estaban asustados.

Se formó entonces una nube, que los cubrió con su sombra, y de esta nube salió una voz que decía: "Éste es mi Hijo amado; escúchenlo".

En ese momento miraron alrededor y no vieron a nadie sino a Jesús, que estaba solo con ellos.

Cuando bajaban de la montaña, Jesús les mandó que no contaran a nadie lo que habían visto, hasta que el Hijo del hombre resucitara de entre los muertos. Ellos guardaron esto en secreto, pero discutían entre sí qué querría decir eso de "resucitar de entre los muertos".

Reflexionar la palabra

En el evangelio de hoy, Pedro, Santiago y Juan presencian la Transfiguración de Jesús. Moisés y Elías aparecen al lado de Jesús, mostrando que la Ley y los Profetas llevan a Jesús, en quien se manifiesta toda la gloria de Dios. Los tres discípulos no lo vivieron individualmente, sino en grupo, en comunidad. La familia es una comunidad en la que podemos experimentar la gloria de Dios. ¿Cómo hemos experimentado esto en los sacramentos, en la belleza y maravilla de la naturaleza, o en nuestra vida como Iglesia doméstica?

• • • • • • CAMINO A MISA

En la misa, rezamos o cantamos el Gloria. Nos fijaremos en las palabras: "Te alabamos, te bendecimos, te adoramos, te glorificamos", y vamos a notar nuestra propia reacción.

CAMINO A CASA • • • • • •

¿Cómo imaginamos que es la gloria del Señor? ¿Cómo damos gloria a Dios? ¿En qué se nota eso?

Vivir la palabra

Elaboren una tarjeta de oración para el altar de oración de su familia, o como pieza central en la mesa del comedor, que diga: GLORIA A DIOS. Recen el Gloria cada noche esta semana. Conversen sobre cuándo y dónde han experimentado la gloria de Dios.

TERCER DOMINGO DE CUARESMA

Escuchar la Palabra

Juan 2:13–22

En el nombre del Padre, del Hijo y del Espíritu Santo.

Cuando se acercaba la Pascua de los judíos, Jesús llegó a Jerusalén y encontró en el templo a los vendedores de bueyes, ovejas y palomas, y a los cambistas con sus mesas. Entonces hizo un látigo de cordeles y los echó del templo, con todo y sus ovejas y bueyes; a los cambistas les volcó las mesas y les tiró al suelo las monedas; y a los que vendían palomas les dijo: "Quiten todo de aquí y no conviertan en un mercado la casa de mi Padre".

En ese momento, sus discípulos se acordaron de lo que estaba escrito: El celo de tu casa me devora.

Después intervinieron los judíos para preguntarle: "¿Qué señal nos das de que tienes autoridad para actuar así?". Jesús les respondió: "Destruyan este templo y en tres días lo reconstruiré". Replicaron los judíos: "Cuarenta y seis años se ha llevado la construcción del templo, ¿y tú lo vas a levantar en tres días?".

Pero él hablaba del templo de su cuerpo. Por eso, cuando resucitó Jesús de entre los muertos, se acordaron sus discípulos de que había dicho aquello y creyeron en la Escritura y en las palabras que Jesús había dicho.

Reflexionar la palabra

Este episodio del templo es bastante desafiante porque describe la ira de Jesús. ¿Está enojado con los cambistas? ¿Está frustrado por la forma en que usan el templo los que venden animales y cambian dinero? ¿O es la forma en que este sistema de culto a Dios parece interponer una miríada de reglas y regulaciones entre el individuo y Dios? Los padres también tenemos momentos de enfado y frustración. En esos momentos, debemos apoyarnos en Jesús que comprende bien por lo que estamos pasando.

• • • • • • CAMINO A MISA

Nuestra iglesia es un lugar sagrado y santo. Es donde Dios mora de una manera muy particular. Él está presente en la asamblea reunida, al proclamar la Palabra y al partir el Pan. ¿Cómo podemos ayudar a que este ambiente sea aún más santo hoy?

CAMINO A CASA • • • • • •

Hoy escuchamos cómo Jesús se enojó en el templo. Más tarde le dijo a la gente: "Destruyan este templo, y en tres días lo reconstruiré". Sabemos que todo lo que se ha roto, Jesús lo puede restaurar. ¿Qué nos gustaría que Jesús sanara o restaurara en nosotros?

Vivir la palabra

Durante los próximos días, acuerden juntos hacer algo que pueda aportar el amor sanador de Jesús a la familia, al vecindario, al mundo. Hagan una lista de ideas y elijan una que tenga significado para toda la familia.

Cuarto Domingo de Cuaresma

Escuchar la Palabra

Juan 3:14-21

En el nombre del Padre, del Hijo y del Espíritu Santo.

En aquel tiempo, Jesús dijo a Nicodemo: "Así como levantó Moisés la serpiente en el desierto, así tiene que ser levantado el Hijo del hombre, para que todo el que crea en él tenga vida eterna.

Porque tanto amó Dios al mundo, que le entregó a su Hijo único, para que todo el que crea en él no perezca, sino que tenga vida eterna. Porque Dios no envió a su Hijo para condenar al mundo, sino para que el mundo se salvara por él. El que cree en él no será condenado; pero el que no cree ya está condenado, por no haber creído en el Hijo único de Dios.

La causa de la condenación es ésta: habiendo venido la luz al mundo, los hombres prefirieron las tinieblas a la luz, porque sus obras eran malas. Todo aquél que hace el mal, aborrece la luz y no se acerca a ella, para que sus obras no se descubran. En cambio, el que obra el bien conforme a la verdad, se acerca a la luz, para que se vea que sus obras están hechas según Dios".

Reflexionar la palabra

Jesús le revela a Nicodemo que él es la luz que ha venido al mundo. Algunos días parece que las tinieblas vencerán a la luz, pero sabemos que la luz es más fuerte, que el amor supera al odio y que la nueva vida triunfa sobre la muerte. Los niños a menudo tienen miedo a la oscuridad y saben que la luz es un gran consuelo. Dios nos hizo para vivir y caminar en la luz.

...... CAMINO A MISA

¿Qué se siente estar solo en un cuarto oscuro? ¿Y cuándo se enciende la luz? Jesús vino como luz. Imaginemos esa luz por todo el mundo. En la misa, los monaguillos suelen llevar velas encendidas al ambón y sostenerlas durante el evangelio. Las velas nos recuerdan que Jesús es la luz del mundo. Cuando se proclaman las lecturas bíblicas, la luz de Jesús está presente para nosotros.

CAMINO A CASA ......

Jesús le dijo a Nicodemo que la gente necesita vivir en la luz. ¿Qué puede significar eso para nosotros?

Vivir la palabra

Cuenten las luces que tiene en su hogar: lámparas, focos, linternas, reflectores, veladoras, faroles, etcétera. ¿Cómo sería su hogar si no hubiera esa luz? Así como necesitamos luz en nuestros hogares, necesitamos la luz de Cristo para que nos ilumine. Oren juntos para que la luz de Cristo brille más intensamente en su hogar y en su vida esta semana.

17 de marzo de 2024

Quinto Domingo de Cuaresma

Escuchar la Palabra

Juan 12:20–28

En el nombre del Padre, del Hijo y del Espíritu Santo.

Entre los que habían llegado a Jerusalén para adorar a Dios en la fiesta de Pascua, había algunos griegos, los cuales se acercaron a Felipe, el de Betsaida de Galilea, y le pidieron: "Señor, quisiéramos ver a Jesús".

Felipe fue a decírselo a Andrés; Andrés y Felipe se lo dijeron a Jesús y él les respondió: "Ha llegado la hora de que el Hijo del hombre sea glorificado. Yo les aseguro que si el grano de trigo, sembrado en la tierra, no muere, queda infecundo; pero si muere, producirá mucho fruto. El que se ama a sí mismo, se pierde; el que se aborrece a sí mismo en este mundo, se asegura para la vida eterna.

El que quiera servirme, que me siga, para que donde yo esté, también esté mi servidor. El que me sirve será honrado por mi Padre.

Ahora que tengo miedo, ¿le voy a decir a mi Padre: 'Padre, líbrame de esta hora'? No, pues precisamente para esta hora he venido. Padre, dale gloria a tu nombre". Se oyó entonces una voz que decía: "Lo he glorificado y volveré a glorificarlo".

Reflexionar la palabra

Jesús cuidó de sus amigos y los preparó para su muerte. Se pondrían tristes y les costaría entender lo que estaba a punto de sucederle. Para ayudarlos, Jesús habló de un grano de trigo que cae en tierra y muere. Es necesario que muera para dejar de ser sólo una pequeña semilla. Si muere, sucederá algo asombroso y maravilloso. Es el portento de la vida nueva. Las palabras de Jesús nos dan seguridad de que la muerte no es el final, y que Dios tiene el poder de traer un gran bien incluso en los momentos de dolor y tristeza.

•••••• CAMINO A MISA

Hoy escucharemos a Jesús hablar de una semilla. ¿Qué le sucede a una semilla enterrada? ¿Qué necesita una semilla para crecer?

CAMINO A CASA ••••••

¿Por qué Jesús nos dice que la semilla debe morir para poder crecer? La semilla muere cuando yace debajo de la tierra, y nace una plantita. Si la semilla ha muerto, ¿está acabada?

Vivir la palabra

Sembrada la semilla, no la vemos más; está sepultada. Lo que le sucede a la semilla, sucede en la oscuridad, pero hay una gran fuerza trabajando dentro de la semilla. Siembren algunas semillas en una maceta pequeña y observen cada día. Hagan un registro de lo que notan que sucede a medida que pasa el tiempo. ¿Cómo obra Dios en nosotros, dándonos nueva vida incluso en circunstancias imperfectas o difíciles?

Domingo de Ramos de la Pasión del Señor

Escuchar la Palabra

Marcos 11:1–2, 7–10

En el nombre del Padre, del Hijo y del Espíritu Santo.

Cuando Jesús y los suyos iban de camino a Jerusalén, al llegar a Betfagé y Betania, cerca del monte de los Olivos, les dijo a dos de sus discípulos: "Vayan al pueblo que ven allí enfrente; al entrar, encontrarán amarrado un burro que nadie ha montado todavía. Desátenlo y tráiganmelo...".

Llevaron el burro, le echaron encima los mantos y Jesús montó en él. Muchos extendían su manto en el camino, y otros lo tapizaban con ramas cortadas en el campo. Los que iban delante de Jesús y los que lo seguían, iban gritando vivas: *"¡Hosanna! ¡Bendito el que viene en nombre del Señor! ¡Bendito el reino que llega, el reino de nuestro padre David! ¡Hosanna en el cielo!"*.

Reflexionar la palabra

El pueblo vitorea a Jesús, y haremos eco de las palabras que le grita cuando entra en Jerusalén: "¡Hosanna!". *Hosanna* es una palabra que se encuentra en los Salmos y es un grito de auxilio. Significa "¡Salva, por favor!". Todos hemos experimentado desafíos en la paternidad, ya sea en el nacimiento de un niño, durante la infancia o la edad escolar. A veces nos sentimos solos en nuestras luchas, sin percatarnos de que Dios está presente en todos los momentos difíciles, dispuesto siempre a escuchar nuestros gritos y responder a nuestras oraciones.

······ CAMINO A MISA

El evangelio de hoy describe que la gente pone sus mantos en el camino frente a Jesús cuando él entra en Jerusalén. Otros ponen ramas de palmas en el suelo. Son formas de honrar a Jesús. ¿Cómo lo honraremos en la misa de hoy?

CAMINO A CASA ······

Cuando entró en Jerusalén, la gente trató a Jesús como a un rey. ¿Qué dijeron? ¿Dónde hemos escuchado esas palabras antes? ¿De qué manera estas palabras honran y alaban a Jesús? ¿Cómo podemos elogiarlo esta semana?

Vivir la palabra

Escriban una oración de alabanza a Jesús o decoren una tarjeta de oración con la palabra Hosanna. Imaginen que Jesús viene a nuestra ciudad natal hoy, montado en un pollino. Hablen sobre cómo recibiría su familia a Jesús.

31 de marzo de 2024

Domingo de Pascua de la Resurrección del Señor

Escuchar la Palabra

Marcos 16:1–7

En el nombre del Padre, del Hijo y del Espíritu Santo.

Transcurrido el sábado, María Magdalena, María (la madre de Santiago) y Salomé, compraron perfumes para ir a embalsamar a Jesús. Muy de madrugada, el primer día de la semana, a la salida del sol, se dirigieron al sepulcro. Por el camino se decían unas a otras: "¿Quién nos quitará la piedra de la entrada del sepulcro?" Al llegar, vieron que la piedra ya estaba quitada, a pesar de ser muy grande. Entraron en el sepulcro y vieron a un joven, vestido con una túnica blanca, sentado en el lado derecho, y se llenaron de miedo. Pero él les dijo: No se espanten. Buscan a Jesús de Nazaret, el que fue crucificado. No está aquí; ha resucitado. Miren el sitio donde lo habían puesto. Ahora vayan a decirles a sus discípulos y a Pedro: 'Él irá delante de ustedes a Galilea. Allá lo verán, como él les dijo'".

Reflexionar la palabra

Los padres nos preocupamos por los detalles de la vida diaria ("¿Quién nos quitará la piedra?"), y a menudo nos encontramos con que lo que nos inquieta y preocupa ya se ha solucionado ("La piedra estaba quitada"). ¡Que como las mujeres en el sepulcro encontremos la sorpresa, el asombro y la alegría de que el plan de Dios se cumple en la resurrección de su Hijo! ¡Que incluso en nuestra preocupación, duda o confusión, seamos restaurados y encontremos nuestra esperanza en Cristo resucitado!

•••••• CAMINO A MISA

Las mujeres en la tumba estaban completamente asombradas. ¿Cuándo fue la última vez que realmente nos sorprendió algo?

CAMINO A CASA ••••••

Los eventos de esa primera mañana de Pascua transformaron a las mujeres en la tumba. ¿De qué manera los eventos de ese día marcan la diferencia en nuestra vida hoy?

Vivir la palabra

Jesús resucitó de entre los muertos hace dos mil años. Piensen en personas conocidas cuyas vidas hayan sido transformadas por el Resucitado. Hagan una línea de tiempo y enumere a todas las personas de su familia, retrocediendo tantas generaciones como sea posible. Luego incluyan personas de su vecindario y de su Iglesia (no olviden a los santos) que fueron transformadas por la resurrección de Jesús. Dejen un espacio en el frente de su línea de tiempo para anotar cómo están trabajando con Dios para llevar a cabo su plan.

Segundo Domingo de Pascua / Domingo de la Divina Misericordia

Escuchar la Palabra

Juan 20:20–23

En el nombre del Padre, del Hijo y del Espíritu Santo.

Cuando los discípulos vieron al Señor, se llenaron de alegría.

De nuevo les dijo Jesús: "La paz esté con ustedes. Como el Padre me ha enviado, así también los envío yo". Después de decir esto, sopló sobre ellos y les dijo: "Reciban al Espíritu Santo. A los que les perdonen los pecados, les quedarán perdonados; y a los que no se los perdonen, les quedarán sin perdonar".

Reflexionar la palabra

Cuando surgen desacuerdos entre los miembros de la familia, se nos anima a "hacer las paces" y darnos la mano o abrazarnos. No siempre estamos preparados para abrazarnos en un gesto de paz. ¿Cómo podemos practicar el compartir la paz unos con otros? Jesús se puso en medio de sus discípulos y les dijo: "La paz esté con ustedes". ¿Permitimos que Jesús entre en esos momentos de perdón y paz en nuestro hogar? ¿Es más fácil hacer las paces cuando somos conscientes de su presencia?

•••••• CAMINO A MISA

¿En qué pensamos cuando escuchan la palabra *paz*? ¿Qué significa el saludarnos con las palabras "Que la paz de Cristo esté contigo"? ¿Qué le deseamos a la otra persona?

CAMINO A CASA ••••••

¿Por qué la primera palabra de Jesús a sus discípulos después de la resurrección fue *paz*?

Vivir la palabra

En familia, busquen momentos de paz, armonía o satisfacción durante la semana. Hagan que sus hijos escriban sobre ellos o dibujen una imagen de esos momentos y luego compartan esos momentos juntos con la familia.

14 de abril de 2024

Tercer Domingo de Pascua

Escuchar la Palabra

Lucas 24:36–39

En el nombre del Padre, del Hijo y del Espíritu Santo.

Mientras hablaban... se presentó Jesús en medio de ellos y les dijo: "La paz esté con ustedes". Ellos, desconcertados y llenos de temor, creían ver un fantasma. Pero él les dijo: "No teman; soy yo. ¿Por qué se espantan? ¿Por qué surgen dudas en su interior? Miren mis manos y mis pies. Soy yo en persona. Tóquenme y convénzanse: un fantasma no tiene ni carne ni huesos, como ven que tengo yo". Y les mostró las manos y los pies.

Reflexionar la palabra

Cuando uno de nuestros hijos tiene un sueño aterrador, lo abrazamos para calmarlo. En momentos de miedo, también necesitamos ser consolados por aquel que nos asegura que todo estará bien. Es fácil confiar en él cuando todo va bien en nuestra vida, pero cuando estamos "sobresaltados y aterrorizados" por la vida, debemos acudir a él. En esos momentos debemos testimoniar al mundo de su fiel amor, y de cómo nos confiamos a su consuelo y cuidado.

······ CAMINO A MISA

¿Cómo pensamos que fue para los discípulos ver a Jesús resucitado? ¿Por qué primero se asustaron?

CAMINO A CASA ······

Jesús les dijo a sus discípulos que debían ser testigos de la Buena Nueva. ¿Sólo los discípulos son testigos del Evangelio? ¿Cómo nos pide Dios ser testigos de Cristo resucitado?

Vivir la palabra

Mientras se reúnen para comer, piensen cómo han sido testigos del amor de Cristo resucitado hoy. ¿Dónde vieron su amor presente? ¿Acaso lo notaron en casa? ¿En el barrio? ¿En la iglesia? ¿Leyendo esto en un libro o en línea? ¿Lo vieron en la naturaleza, tal vez en el propio jardín o en el parque? Dejen que todos compartan su propia historia de testimonio. Si no percibió nada hoy, esté atento a otros destellos esta semana.

21 de abril de 2024

Cuarto Domingo de Pascua

Escuchar la Palabra

Juan 10:11–18

En el nombre del Padre, del Hijo y del Espíritu Santo.

En aquel tiempo, Jesús dijo a los fariseos: "Yo soy el buen pastor. El buen pastor da la vida por sus ovejas. En cambio, el asalariado, el que no es el pastor ni el dueño de las ovejas, cuando ve venir al lobo, abandona las ovejas y huye; el lobo se arroja sobre ellas y las dispersa, porque a un asalariado no le importan las ovejas. Yo soy el buen pastor, porque conozco a mis ovejas y ellas me conocen a mí, así como el Padre me conoce a mí y yo conozco al Padre. Yo doy la vida por mis ovejas. Tengo además otras ovejas que no son de este redil y es necesario que las traiga también a ellas; escucharán mi voz y habrá un solo rebaño y un solo pastor. El Padre me ama porque doy mi vida para volverla a tomar. Nadie me la quita; yo la doy porque quiero. Tengo poder para darla y lo tengo también para volverla a tomar. Éste es el mandato que he recibido de mi Padre".

Reflexionar la palabra

El Buen Pastor ama y cuida a las ovejas. Él conoce a cada una de ellas por su nombre; las llama y ellas siguen su voz. ¿Cómo reconocemos la voz del Buen Pastor en medio del ruido y de otras voces que hay en el mundo? La conocemos porque hemos escuchado su Palabra muchas veces. Escuchándola, reconocemos su gran amor por nosotros. El gran amor abnegado que el Buen Pastor tiene por las ovejas nos recuerda el amor que los padres tienen por sus hijos.

•••••• CAMINO A MISA

En el evangelio, Jesús nos dice que él es el Buen Pastor. ¿Qué hace un pastor? ¿Qué necesitan las ovejas?

CAMINO A CASA ••••••

El Buen Pastor nos llama por nuestro nombre. Escuchamos su voz para seguirlo. ¿Hasta dónde llega su voz?

Vivir la palabra

Escuchamos la voz del Buen Pastor y lo seguimos. Una de las formas en que escuchamos su voz es leyendo su Palabra. Esta semana lean y recen el Salmo 23 en su Biblia familiar. Este Salmo nos dice que el Buen Pastor nos da todo lo que necesitamos, incluyendo consuelo y valor cuando tenemos miedo. En hojas blancas, que cada miembro de la familia ilustre una línea o motivo del Salmo. Reúnan todas las imágenes y hagan con ellas un folleto del Salmo 23.

Quinto Domingo de Pascua

Escuchar la Palabra

Juan 15:1–8

En el nombre del Padre, del Hijo y del Espíritu Santo.

Jesús dijo a sus discípulos: "Yo soy la verdadera vid y mi Padre es el viñador. Al sarmiento que no da fruto en mí, él lo arranca, y al que da fruto lo poda para que dé más fruto.

Ustedes ya están purificados por las palabras que les he dicho. Permanezcan en mí y yo en ustedes. Como el sarmiento no puede dar fruto por sí mismo, si no permanece en la vid, así tampoco ustedes, si no permanecen en mí. Yo soy la vid, ustedes los sarmientos; el que permanece en mí y yo en él, ése da fruto abundante, porque sin mí nada pueden hacer.

Al que no permanece en mí se le echa fuera, como al sarmiento, y se seca; luego lo recogen, lo arrojan al fuego y arde. Si permanecen en mí y mis palabras permanecen en ustedes, pidan lo que quieran y se les concederá. La gloria de mi Padre consiste en que den mucho fruto y se manifiesten así como discípulos míos".

Reflexionar la palabra

Nuestros hijos quieren una relación cercana y amorosa con nosotros. No desean cosas, sino nuestro tiempo con ellos. Dejemos de lado la tecnología y concentrémonos en conectarnos con ellos. Ellos quieren vivir en relación. Jesús nos invita a permanecer en él, a vivir en relación estrecha y amorosa con él. Jesús nos pide permanecer cerca de él. Piensen en cómo el deseo de nuestros hijos de estar cerca de nosotros puede recordarnos la cercanía a la que el Señor nos llama consigo mismo.

······CAMINO A MISA

¿Qué entendemos por permanecer? Escucharemos esta palabra a menudo en la misa de hoy. ¿Por qué Jesús la repite tanto?

CAMINO A CASA ······

Ya hemos escuchado su voz y hemos venido a él. Ahora él nos pide permanecer y estar con él. ¿Cómo logramos esto?

Vivir la palabra

La vid produce uvas, de las cuales se obtiene jalea de uva, jugo de uva e incluso vino. Jesús es la vid verdadera y nosotros los sarmientos. Si la vida y el amor del Espíritu Santo están en nosotros, ¿qué se mira en lo externo? ¿Podrán los demás ver por lo que hacemos y decimos, que la vida y el amor de Dios están en nuestro interior? Disfruten de un refrigerio inspirado en las uvas y hablen sobre cómo notan los frutos producidos por cada miembro de la familia.

5 de mayo de 2024

Sexto Domingo de Pascua

Escuchar la Palabra

Juan 15:9–10

En el nombre del Padre, del Hijo y del Espíritu Santo.

Jesús dijo a sus discípulos: "Como el Padre me ama, así los amo yo. Permanezcan en mi amor. Si cumplen mis mandamientos, permanecen en mi amor; lo mismo que yo cumplo los mandamientos de mi Padre y permanezco en su amor".

Les he dicho esto para que mi alegría esté en ustedes y su alegría sea plena. Éste es mi mandamiento: que se amen los unos a los otros como yo los he amado. Nadie tiene amor más grande a sus amigos que el que da la vida por ellos. Ustedes son mis amigos, si hacen lo que yo les mando. Ya no los llamo siervos, porque el siervo no sabe lo que hace su amo; a ustedes los llamo amigos, porque les he dado a conocer todo lo que le he oído a mi Padre. No son ustedes los que me han elegido, soy yo quien los ha elegido y los ha destinado para que vayan y den fruto y su fruto permanezca, de modo que el Padre les conceda cuanto le pidan en mi nombre. Esto es lo que les mando: que se amen los unos a los otros".

Reflexionar la palabra

Jesús quiere una relación cercana y amorosa con nosotros, y promete una vida plena de alegría completa. Él nos muestra que para encontrar la alegría debemos amarnos los unos a los otros. Él es nuestro modelo de amor; podemos ver cómo él ama para amar nosotros a los demás. Por supuesto, a veces esto no es fácil para nosotros, ni siquiera en nuestra propia familia. Pero el evangelio nos dice que no elegimos a Jesús, él nos eligió a nosotros. Al elegirnos, nos da la fuerza para amarnos unos a otros, sobre todo cuando es más difícil.

•••••• CAMINO A MISA

¿Qué amamos de nuestros amigos? ¿Qué nos gusta hacer con ellos? Jesús nos llama amigos. ¿Cómo reconocerían los demás que Jesús es amigo nuestro? ¿Cómo pueden las palabras, acciones y valores del corazón, mostrar que somos amigos de Jesús?

CAMINO A CASA ••••••

Jesús dijo: "Les he dicho esto para que mi alegría esté en ustedes y su alegría sea plena". ¿Cómo es una "alegría plena"?

Vivir la palabra

Jesús nos pide amarnos los unos a los otros. ¿Cómo se ve eso en nuestra familia, el vecindario, la escuela o el lugar de trabajo? Elaboren una lista de cómo han amado ustedes a otros esta semana y otra de cómo otras personas les han mostrado a ustedes su amor esta semana. ¿Cuál lista es más larga? ¿Qué harán para cumplir con el mandamiento de amar a los demás esta semana?

Ascensión del Señor

Escuchar la Palabra

Marcos 16:15-20

En el nombre del Padre, del Hijo y del Espíritu Santo.

En aquel tiempo, se apareció Jesús a los Once y les dijo: "Vayan por todo el mundo y prediquen el Evangelio a toda creatura. El que crea y se bautice, se salvará; el que se resista a creer, será condenado. Éstos son los milagros que acompañarán a los que hayan creído: arrojarán demonios en mi nombre, hablarán lenguas nuevas, cogerán serpientes en sus manos, y si beben un veneno mortal, no les hará daño; impondrán las manos a los enfermos y éstos quedarán sanos".

El Señor Jesús, después de hablarles, subió al cielo y está sentado a la derecha de Dios. Ellos fueron y proclamaron el Evangelio por todas partes, y el Señor actuaba con ellos y confirmaba su predicación con los milagros que hacían.

Reflexionar la palabra

Jesús instruye a sus discípulos para que salgan al mundo y anuncien la Buena Nueva a toda creatura. Los padres tenemos la tarea de proclamar la Buena Nueva en nuestra familia. Lo hacemos cuando oramos y leemos la Biblia juntos, pero también cuando somos amables y compartimos el amor de Jesús. Si bien pueden no ser momentos de curaciones milagrosas, Dios sana cuando secamos las lágrimas de un hijo o cuidamos la rodilla descarapelada de una hija. Al vivir la Buena Noticia en el seno familiar, la proclamamos.

······CAMINO A MISA

La misión de Jesús continúa más allá de su Ascensión. ¿Cómo lleva a cabo la Iglesia la misión de Jesús en el mundo de hoy? ¿Cómo participamos en ese proyecto?

CAMINO A CASA ······

Con el Evangelio van las señales milagrosas de Jesús. ¿Qué señales en nuestra vida muestran a los demás que creemos en Jesús?

Vivir la palabra

Jesús encomendó a sus discípulos ir por todo el mundo y proclamar el Evangelio a toda creatura. ¿Cómo se proclama el Evangelio en el seno familiar? ¿Y hacia afuera? Jesús sigue ayudándonos en la misión de evangelizar. ¿Qué herida del mundo queremos sanar?

12 de mayo de 2024

SÉPTIMO DOMINGO DE PASCUA

Escuchar la Palabra

Juan 17:11–19

En el nombre del Padre, del Hijo y del Espíritu Santo.

En aquel tiempo, Jesús levantó los ojos al cielo y dijo: "Padre santo, cuida en tu nombre a los que me has dado, para que sean uno, como nosotros. Cuando estaba con ellos, yo cuidaba en tu nombre a los que me diste; yo velaba por ellos y ninguno de ellos se perdió, excepto el que tenía que perderse, para que se cumpliera la Escritura.

Pero ahora voy a ti, y mientras estoy aún en el mundo, digo estas cosas para que mi gozo llegue a su plenitud en ellos. Yo les he entregado tu palabra y el mundo los odia, porque no son del mundo, como yo tampoco soy del mundo. No te pido que los saques del mundo, sino que los libres del mal. Ellos no son del mundo, como tampoco yo soy del mundo.

Santifícalos en la verdad. Tu palabra es la verdad. Así como tú me enviaste al mundo, así los envío yo también al mundo. Yo me santifico a mí mismo por ellos, para que también ellos sean santificados en la verdad".

Reflexionar la palabra

¿Alguien les ha pedido orar en su favor? ¿Algún conocido o amigo les ha pedido que lo recuerden en sus intenciones al orar? Es un gran consuelo saber que otros nos están elevando en oración y nos "conectan" con otras personas al orar. Hoy escuchamos una hermosa oración de Jesús, en la que ora por todos sus discípulos, incluidos nosotros. Jesús ora para que sus discípulos reciban su alegría, sean protegidos del maligno, y sean consagrados en la verdad. ¿Cómo se siente saber que Jesús ora no sólo por los discípulos de antaño, sino por cada uno de nosotros hoy?

•••••• CAMINO A MISA

Jesús ama a sus amigos y ora por ellos. ¿Por quién pueden ustedes orar hoy? ¿Necesita algún amigo o familiar de sus oraciones?

CAMINO A CASA ••••••

¿Muestra nuestra vida familiar de oración que somos buenos amigos de Jesús?

Vivir la palabra

Hagan un frasco o una caja de oración familiar que incluya tiritas de papel para que los miembros de la familia escriban sus intenciones de oración. Programen un tiempo para orar cada día y dónde la familia pueda sentarse en silencio y escribir (o dibujar) sus peticiones. Busquen en las noticias del día quién en la comunidad o en el mundo necesita oración. Cada noche (o al final de la semana), lean en voz alta las intenciones. Agreguen oraciones espontáneas y cantos de alabanza y de acción de gracias a Dios.

Domingo de Pentecostés

Escuchar la Palabra

Juan 15:26–27; 16:12–15

En el nombre del Padre, del Hijo y del Espíritu Santo.

En aquel tiempo, Jesús dijo a sus discípulos: "Cuando venga el Paráclito, que yo les enviaré a ustedes de parte del Padre, el Espíritu de la verdad que procede del Padre, él dará testimonio de mí y ustedes también darán testimonio, pues desde el principio han estado conmigo.

Aún tengo muchas cosas que decirles, pero todavía no las pueden comprender. Pero cuando venga el Espíritu de la verdad, él los irá guiando hasta la verdad plena, porque no hablará por su cuenta, sino que dirá lo que haya oído y les anunciará las cosas que van a suceder. Él me glorificará, porque primero recibirá de mí lo que les vaya comunicando. Todo lo que tiene el Padre es mío. Por eso he dicho que tomará de lo mío y se lo comunicará a ustedes".

Reflexionar la palabra

El Espíritu Santo, el Abogado, será el guía para encontrarnos con Jesús y dar testimonio de Jesús porque nos recordará todo lo que él nos ha compartido. ¿Reconocemos fácilmente la presencia del Espíritu Santo en nuestra vida? ¿Cómo nos apoyamos en la guía del Espíritu Santo cuando necesitamos ayuda? Los padres debemos cuidar y proteger a nuestros hijos, tanto física como espiritualmente. Piensen en todas las formas en que guían a sus hijos a lo largo de todos los años cambiantes de la vida familiar. Agradezcan al Espíritu Santo su ayuda para tomar decisiones con amor familiar genuino.

······CAMINO A MISA

El rojo es el color del Espíritu Santo. Lo veremos en el decorado de la iglesia y en las vestiduras del sacerdote. Es también el color del amor. ¿Qué tiene que ver el Espíritu Santo con el amor?

CAMINO A CASA ······

¿Conocemos a alguien que esté lleno del Espíritu Santo? ¿Cómo se puede saber esto?

Vivir la palabra

Para ayudar a la familia a enfocarse en el Espíritu Santo, hagan una tarjeta de oración con las palabras "Ven, Espíritu Santo". Escriban una letanía familiar al Espíritu Santo. Cada línea de la oración podría enfocarse en cómo la familia reconoce la presencia del Espíritu Santo en el mundo, o cómo nosotros (y el mundo) necesitamos la guía del Espíritu Santo. Recen la letanía y, después de cada línea, pidan: "Ven, Espíritu Santo".

26 de mayo de 2024

Santísima Trinidad

Escuchar la Palabra

Mateo 28:16–20

En el nombre del Padre, del Hijo y del Espíritu Santo.

En aquel tiempo, los once discípulos se fueron a Galilea y subieron al monte en el que Jesús los había citado. Al ver a Jesús, se postraron, aunque algunos titubeaban.

Entonces, Jesús se acercó a ellos y les dijo: "Me ha sido dado todo poder en el cielo y en la tierra. Vayan, pues, y enseñen a todas las naciones, bautizándolas en el nombre del Padre y del Hijo y del Espíritu Santo, y enseñándolas a cumplir todo cuanto yo les he mandado; y sepan que yo estaré con ustedes todos los días, hasta el fin del mundo".

Reflexionar la palabra

Jesús les pide a sus discípulos que bauticen en el nombre del Padre, y del Hijo y del Espíritu Santo. Sumergidos en las aguas bautismales, pasamos por la muerte de Jesús y resucitamos a la vida nueva en Dios, la Santísima Trinidad, a quien celebramos este día. Pidan a su párroco una botella de agua bendita, que puedan guardar en casa y usarla para recordar la cruz y el agua en la que fueron bautizados.

•••••• CAMINO A MISA

¿Sabían que hay un gesto especial que podemos hacer cuando queremos recordar que pertenecemos a Dios que es Padre, Hijo y Espíritu Santo? Es un gesto que vemos y hacemos en la misa, y también podemos hacerlo en casa, o en el momento que queramos recordar lo cerca que está Jesús de nosotros. ¡La señal de la cruz! ¿Cuántas veces la veremos en la misa de hoy?

CAMINO A CASA

La señal de la cruz es la más sagrada de las señales. Podemos persignarnos cuando nos sentimos tentados al mal, para pedir fortaleza. Nos persignamos si tememos algún daño, para sabernos protegidos. ¿En qué otros momentos nos persignamos?

Vivir la palabra

Los Padres de la Iglesia comparan la señal de la cruz a un sello por el cual el Buen Pastor reconoce a sus ovejas. En el bautismo, fuimos marcados con la cruz. Escriban las palabras de la oración y persígnense con movimientos claros y muy visibles, sin apresurarse, con toda reverencia, tocando la frente, el pecho y un hombro después del otro.

Santísimo Cuerpo y Sangre de Cristo

Escuchar la Palabra

Marcos 14:22–26

En el nombre del Padre, del Hijo y del Espíritu Santo.

Mientras cenaban, Jesús tomó un pan, pronunció la bendición, lo partió y se lo dio a sus discípulos, diciendo: "Tomen: esto es mi cuerpo". Y tomando en sus manos una copa de vino, pronunció la acción de gracias, se la dio, todos bebieron y les dijo: "Ésta es mi sangre, sangre de la alianza, que se derrama por todos. Yo les aseguro que no volveré a beber del fruto de la vid hasta el día en que beba el vino nuevo en el Reino de Dios".

Después de cantar el himno, salieron hacia el monte de los Olivos.

Reflexionar la palabra

Escucharemos palabras de amor genuino pronunciadas sobre el pan: "Tomen y coman, esto es mi cuerpo", y sobre la copa de vino: "Este es el cáliz de mi sangre, sangre de la alianza... que será derramada por muchos". Las palabras dichas por Jesús en la Última Cena, las reza el sacerdote en cada misa. Piensen en todas las personas que, en la larga historia de la Iglesia, han participado en la misa. Piensen en sus padres, abuelos y antepasados en la fe, que han oído esas palabras de amor. Esta tradición sigue, para que la próxima generación participe también en la vida de la Cristo y de la Iglesia.

••••••CAMINO A MISA

Celebramos la Solemnidad del Santísimo Cuerpo y Sangre de Cristo. Atendamos a las palabras de la institución de la Eucaristía: "Tomen y coman... Tomen y beban...".

CAMINO A CASA ••••••

¿Qué piensan de que la Iglesia todavía rece las mismas palabras de Jesús en la Última Cena hace más de dos mil años? ¿No es asombroso que todavía estemos escuchando estas palabras?

Vivir la palabra

La palabra *Eucaristía* significa acción de gracias. ¿Por qué podemos agradecer a Dios hoy? ¿Cómo podemos expresar nuestro agradecimiento cuando vamos a misa? Hagan una lista familiar de "agradecimiento a Dios". Escriban todas las cosas por las que están agradecidos y, junto a cada entrada, escriban cómo mostrarle a Dios nuestra gratitud.

Décimo Domingo del Tiempo Ordinario

Escuchar la Palabra

Marcos 3:20–21, 31–35

En el nombre del Padre, del Hijo y del Espíritu Santo.

En aquel tiempo, Jesús entró en una casa con sus discípulos y acudió tanta gente, que no los dejaban ni comer. Al enterarse sus parientes, fueron a buscarlo, pues decían que se había vuelto loco.

Llegaron entonces su madre y sus parientes; se quedaron fuera y lo mandaron llamar. En torno a él estaba sentada una multitud, cuando le dijeron: "Ahí fuera están tu madre y tus hermanos, que te buscan".

Él les respondió: "¿Quién es mi madre y quiénes son mis hermanos?". Luego, mirando a los que estaban sentados a su alrededor, dijo: "Éstos son mi madre y mis hermanos. Porque el que cumple la voluntad de Dios, ése es mi hermano, mi hermana y mi madre".

Reflexionar la palabra

La familia de Jesús no podía entender su ministerio y se dispuso a retenerlo porque creían que estaba loco. Tal vez hemos tenido pensamientos similares sobre los miembros de nuestra propia familia, o alguien de su propia familia puede haberlos juzgado a ustedes sin comprenderlos bien. No siempre conseguimos estar de acuerdo con nuestra familia, pero podemos orar pidiendo sensatez para no juzgarlos ni sentirnos frustrados por sus juicios sobre nosotros y, en cambio, tratarnos con respeto y amor.

······CAMINO A MISA

¿Cuál fue la última vez que usted ha dicho "lo siento"? Al comienzo de la misa nos arrepentimos. Estemos atentos al decir: "Por mi culpa, por mi culpa, por mi gran culpa". En el "Yo confieso", nos reconocemos pecadores y pedimos a los santos y a nuestros hermanos y hermanas que oren por nosotros.

CAMINO A CASA ······

¿Nos parece más difícil pedir perdón por algo ofensivo o perdonar la ofensa de alguien?

Vivir la palabra

Somos la familia de Jesús, sus hermanos y hermanas. ¿Cómo nos invita a llevar la paz a nuestra familia? ¿Cómo podemos practicar el perdón y experimentar la misericordia de unos con otros? Recen juntos el Padrenuestro y conversen de lo que esta oración dice sobre el perdón de Dios y cómo nos exige perdonarnos unos a otros.

Decimoprimer Domingo del Tiempo Ordinario

Escuchar la Palabra

Marcos 4:26–34

En el nombre del Padre, del Hijo y del Espíritu Santo.

En aquel tiempo, Jesús dijo a la multitud: "El Reino de Dios se parece a lo que sucede cuando un hombre siembra la semilla en la tierra: que pasan las noches y los días, y sin que él sepa cómo, la semilla germina y crece; y la tierra, por sí sola, va produciendo el fruto: primero los tallos, luego las espigas y después los granos en las espigas. Y cuando ya están maduros los granos, el hombre echa mano de la hoz, pues ha llegado el tiempo de la cosecha".

Les dijo también: "¿Con qué compararemos el Reino de Dios?

¿Con qué parábola lo podremos representar? Es como una semilla de mostaza que, cuando se siembra, es la más pequeña de las semillas; pero una vez sembrada, crece y se convierte en el mayor de los arbustos y echa ramas tan grandes, que los pájaros pueden anidar a su sombra".

Y con otras muchas parábolas semejantes les estuvo exponiendo su mensaje, de acuerdo con lo que ellos podían entender. Y no les hablaba sino en parábolas; pero a sus discípulos les explicaba todo en privado.

Reflexionar la palabra

En la primera parábola del evangelio, un agricultor siembra semillas, y mientras él duerme, ellas crecen. Los padres nos maravillamos de cómo crecen nuestros hijos: ¡las cosas nuevas que aprenden incluso sin nuestra ayuda! Sabemos que Dios es la fuente invisible de su crecimiento y que quiere que participemos con él en sembrar semillas que den fruto tanto en la vida de nuestros hijos como en servicio de su reino. Mediten en que el poder del Espíritu Santo operando en la vida de su familia es el mismo Espíritu Santo que trabaja para el reino de Dios.

•••••• CAMINO A MISA

¿Qué necesita una semilla para crecer? ¿Podemos hacer crecer una semilla? ¿De quién es la fuerza o energía dentro de la semilla que le permite crecer y cambiar?

CAMINO A CASA ••••••

¿En qué nos parecemos a la semilla de mostaza? Empezamos muy pequeños y escondidos. ¿Qué nos pasó? ¿Cómo hemos cambiado? ¿Cómo hemos crecido? ¿Hemos terminado de crecer? ¿Cuáles son algunas de las formas en que continuamos creciendo?

Vivir la palabra

Salgan a caminar en familia y localicen el árbol más grande de su vecindario. Piense en cómo debió comenzar y cómo fue creciendo año tras año hasta convertirse en este árbol tan alto y robusto. ¿Cómo sigue obrando el poder de Dios en nosotros? ¿Cómo medimos y rastreamos nuestro crecimiento, físico y espiritual?

Decimosegundo Domingo del Tiempo Ordinario

Escuchar la Palabra

Marcos 4:35–41

En el nombre del Padre, del Hijo y del Espíritu Santo.

Un día, al atardecer, Jesús dijo a sus discípulos: "Vamos a la otra orilla del lago". Entonces los discípulos despidieron a la gente y condujeron a Jesús en la misma barca en que estaba. Iban además otras barcas. De pronto se desató un fuerte viento y las olas se estrellaban contra la barca y la iban llenando de agua. Jesús dormía en la popa, reclinado sobre un cojín. Lo despertaron y le dijeron: "Maestro, ¿no te importa que nos hundamos?" Él se despertó, reprendió al viento y dijo al mar: "¡Cállate, enmudece!" Entonces el viento cesó y sobrevino una gran calma. Jesús les dijo: "¿Por qué tenían tanto miedo? ¿Aún no tienen fe?" Todos se quedaron espantados y se decían unos a otros: "¿Quién es éste, a quien hasta el viento y el mar obedecen?"

Reflexionar la palabra

Jesús calma una tormenta violenta y les enseña a sus discípulos a confiar en él, a tener fe en que los protegerá de todo mal. Los discípulos temen a la tormenta, pero olvidan algo esencial: ¡Jesús está en la barca con ellos! Nunca los dejó solos, ni siquiera en la tormenta. Tal vez sintamos que, cuando pedimos auxilio, Jesús duerme; pero él está despierto, velando por nosotros. ¿Cómo podemos pasar de la duda y el miedo a experimentar paz y calma? ¿Cómo podemos asegurar esta confianza a nuestros hijos?

······ CAMINO A MISA

¿Con quién hablamos ustedes cuando estamos preocupados o asustados? ¿Cómo vamos a compartir nuestras preocupaciones con Jesús en la misa hoy?

CAMINO A CASA ······

¿Por qué los discípulos se angustiaron por la tormenta? ¿Por qué Jesús no?

Vivir la palabra

Vivir sabiendo que Dios nos protege nos da paz y tranquilidad. ¿Cómo se nota esto en nuestra vida? ¿De qué necesitamos soltar el control y qué preocupaciones e inquietudes podemos poner en las manos de Dios? En familia, permitan que cada quien hable sobre cualquier temor o inquietud. Luego oren juntos, pidiéndole a Dios que les dé paz y tranquilidad.

Decimotercer Domingo del Tiempo Ordinario

Escuchar la Palabra

Marcos 5:22–24, 35b–43

En el nombre del Padre, del Hijo y del Espíritu Santo.

En aquel tiempo, se acercó uno de los jefes de la sinagoga, llamado Jairo. Al ver a Jesús, se echó a sus pies y le suplicaba con insistencia: "Mi hija está agonizando. Ven a imponerle las manos para que se cure y viva". Unos criados llegaron de casa del jefe de la sinagoga para decirle a éste: "Ya se murió tu hija. ¿Para qué sigues molestando al Maestro?" Jesús alcanzó a oír lo que hablaban y le dijo al jefe de la sinagoga: "No temas, basta que tengas fe". No permitió que lo acompañaran más que Pedro, Santiago y Juan, el hermano de Santiago. Al llegar a la casa del jefe de la sinagoga, vio Jesús el alboroto de la gente y oyó los llantos y los alaridos que daban. Entró y les dijo: "¿Qué significa tanto llanto y alboroto? La niña no está muerta, está dormida". Y se reían de él. Entonces Jesús echó fuera a la gente, y con los padres de la niña y sus acompañantes, entró a donde estaba la niña. La tomó de la mano y le dijo: "¡Talitá, kum!", que significa: "¡Óyeme, niña, levántate!" La niña, que tenía doce años, se levantó inmediatamente y se puso a caminar. Todos se quedaron asombrados. Jesús les ordenó severamente que no lo dijeran a nadie y les mandó que le dieran de comer a la niña.

Reflexionar la palabra

Jesús devolvió la vida a la hija del funcionario de la sinagoga. A Jairo le dijo: "No temas, basta que tengas fe". Nos anima a confiar en él. Si experimentamos obstáculos en nuestra vida, podemos sentir que las cosas nunca mejorarán, que nunca cambiarán. Todos necesitamos vida. La Biblia habla de salud espiritual, salud emocional y salud física. ¿Qué tipo de curación necesitan más?

•••••• CAMINO A MISA

Cuando no nos sentimos bien, ¿quién nos cuida? ¿Necesitamos algo especial cuando estamos enfermos?

CAMINO A CASA ••••••

Jesús devuelve a la niña a la vida. ¿De qué manera la misa nos restauró a una nueva vida?

Vivir la palabra

Oren hoy por quienes cuidan a los enfermos: personal de enfermería, médicos y otros profesionales de la salud. Oren también por familiares y amigos que cuidan a sus seres queridos y por aquellos que sufren confinamiento. Elaboren tarjetas de agradecimiento para un trabajador de la salud o tarjetas de recuperación para alguien que está enfermo.

7 de julio de 2024

Decimocuarto Domingo del Tiempo Ordinario

Escuchar la Palabra

Marcos 6:1-6

En el nombre del Padre, del Hijo y del Espíritu Santo.

En aquel tiempo, Jesús fue a su tierra en compañía de sus discípulos. Cuando llegó el sábado, se puso a enseñar en la sinagoga, y la multitud que lo escuchaba se preguntaba con asombro: "¿Dónde aprendió este hombre tantas cosas? ¿De dónde le viene esa sabiduría y ese poder para hacer milagros? ¿Qué no es éste el carpintero, el hijo de María, el hermano de Santiago, José, Judas y Simón? ¿No viven aquí, entre nosotros, sus hermanas?". Y estaban desconcertados.

Pero Jesús les dijo: "Todos honran a un profeta, menos los de su tierra, sus parientes y los de su casa". Y no pudo hacer allí ningún milagro, sólo curó a algunos enfermos imponiéndoles las manos. Y estaba extrañado de la incredulidad de aquella gente. Luego se fue a enseñar en los pueblos vecinos.

Reflexionar la palabra

Jesús vuelve a Nazaret, el pueblo donde creció. El joven carpintero ahora es un maravilloso orador, y sus paisanos están asombrados por sus palabras y por lo que oyeron que había hecho. Él, a su vez, se asombra de su falta de fe. ¿Con qué frecuencia miramos a alguien de nuestra familia inmediata y lo limitamos a una determinada forma de ser? Oremos y pidamos a Dios que cada miembro de nuestra familia crezca hasta convertirse en la persona que Dios la llama a ser, y que reconozcamos su transformación.

······CAMINO A MISA

¿Alguna vez nos hemos preguntado lo que queremos llegar a ser?

CAMINO A CASA ······

¿Quién es Jesús de Nazaret para nosotros? ¿Cómo lo describimos?

Vivir la palabra

Conforme envejecemos, nos hacemos preguntas como "¿Quién soy yo?", "¿De dónde vengo?", "¿Por qué estoy aquí?" y "¿A dónde voy?". ¿Dónde buscar las respuestas a esas preguntas? Cristo, a través de la Biblia y del don de los sacramentos, nos ayuda a escribir nuestra propia página en la historia de la salvación. Apaguen el televisor, la computadora, la tableta, los juegos… y abran la Biblia en los evangelios. Lean un trozo de la vida de Jesús de Nazaret. Déjense moldear por la Palabra, para que cada uno llegue a ser la persona que Dios soñó al crearlo.

14 de julio de 2024

Decimoquinto Domingo del Tiempo Ordinario

Escuchar la Palabra

Marcos 6:7–13

En el nombre del Padre, del Hijo y del Espíritu Santo.

En aquel tiempo, llamó Jesús a los Doce, los envió de dos en dos y les dio poder sobre los espíritus inmundos. Les mandó que no llevaran nada para el camino: ni pan, ni mochila, ni dinero en el cinto, sino únicamente un bastón, sandalias y una sola túnica.

Y les dijo: "Cuando entren en una casa, quédense en ella hasta que se vayan de ese lugar. Si en alguna parte no los reciben ni los escuchan, al abandonar ese lugar, sacúdanse el polvo de los pies, como una advertencia para ellos".

Los discípulos se fueron a predicar el arrepentimiento. Expulsaban a los demonios, ungían con aceite a los enfermos y los curaban.

Reflexionar la palabra

Jesús llamó a los Doce para enviarlos de dos en dos y les dio autoridad sobre los espíritus inmundos. Les dijo que no llevaran nada para el camino sino un bastón. Ni comida extra, ni saco, ni dinero. El ministerio encomendado debe hacerse en parejas; no es asunto de uno solo. ¿Ven alguna correlación entre lo que Jesús les dice a los Doce y la vida de familia? ¿Cómo apoyamos a nuestro cónyuge ya nuestros hijos en su discipulado y seguimiento de Jesús?

・・・・・ CAMINO A MISA

A los discípulos se les instruye que lleven un bastón para el camino. Un bastón sirve de apoyo al caminar. ¿En quién se apoyan para recibir apoyo?

CAMINO A CASA ・・・・・

Los discípulos fueron de dos en dos. Jesús bien sabía que necesitarían un amigo y compañero para la tarea encomendada. ¿Quién camina con ustedes en el seguimiento de Jesús? ¿Por quién están agradecidos hoy por ser "compañero en Cristo"?

Vivir la palabra

En familia, hagan una lista de los artículos esenciales que empacarían si se fueran de vacaciones. Ahora lean Marcos 6:7–13 y hagan otra lista de todos los artículos que Jesús instruyó a los Doce que llevaran consigo. Comparen sus dos listas. Observen con cuán pocos elementos materiales, los Doce lograron tanto en el nombre de Jesús. ¿Qué es esencial para su familia mientras sirve a los demás y comparte la Buena Nueva de Jesús?

Decimosexto Domingo del Tiempo Ordinario

Escuchar la Palabra

Marcos 6:30–34

En el nombre del Padre, del Hijo y del Espíritu Santo.

En aquel tiempo, los apóstoles volvieron a reunirse con Jesús y le contaron todo lo que habían hecho y enseñado. Entonces él les dijo: "Vengan conmigo a un lugar solitario, para que descansen un poco". Porque eran tantos los que iban y venían, que no les dejaban tiempo ni para comer.

Jesús y sus apóstoles se dirigieron en una barca hacia un lugar apartado y tranquilo. La gente los vio irse y los reconoció; entonces de todos los poblados fueron corriendo por tierra a aquel sitio y se les adelantaron.

Cuando Jesús desembarcó, vio una numerosa multitud que lo estaba esperando y se compadeció de ellos, porque andaban como ovejas sin pastor, y se puso a enseñarles muchas cosas.

Reflexionar la palabra

La gente va a donde Jesús está. Eran tantos que Jesús y los apóstoles ni siquiera pudieron comer y tuvieron que retirarse a un lugar desierto, pero la gente los siguió. En lugar de rechazarlos, Jesús, el Buen Pastor, vio su necesidad y les enseñó. Los padres, a menudo nos preocupamos por las necesidades de los demás en nuestra familia antes que por las propias. Nosotros (como los discípulos) debemos descansar, para ser y trabajar mejor. Es más difícil hacer la voluntad de Dios si estamos cansados y malhumorados.

• • • • • • CAMINO A MISA

¿Qué beneficios obtenemos al darnos tiempo de descanso? ¿Cómo nos acerca a Jesús dedicar tiempo a la reflexión y oración?

CAMINO A CASA • • • • • •

¿Cómo cuida Jesús a las personas incluso cuando no tiene mucho tiempo para descansar? ¿De dónde saca fuerza?

Vivir la palabra

En familia, miren todas las actividades que tienen marcadas en el calendario. Pregúntense si han apartado el tiempo suficiente para descansar y relajarse con el Señor. Si no es así, hablen sobre cómo sería una noche de descanso y renovación en su hogar y vean si pueden marcar una noche cada semana para ese momento.

28 de julio de 2024

Decimoséptimo Domingo del Tiempo Ordinario

Escuchar la Palabra

Juan 6:5–14

En el nombre del Padre, del Hijo y del Espíritu Santo.

En aquel tiempo, Jesús se fue a la otra orilla del mar de Galilea o lago de Tiberíades. Lo seguía mucha gente, porque habían visto los signos que hacía curando a los enfermos. Jesús subió al monte y se sentó allí con sus discípulos. Estaba cerca la Pascua, festividad de los judíos. Viendo Jesús que mucha gente lo seguía, le dijo a Felipe: "¿Cómo compraremos pan para que coman éstos?" Le hizo esta pregunta para ponerlo a prueba, pues él bien sabía lo que iba a hacer. Felipe le respondió: "Ni doscientos denarios de pan bastarían para que a cada uno le tocara un pedazo de pan". Otro de sus discípulos, Andrés, el hermano de Simón Pedro, le dijo: "Aquí hay un muchacho que trae cinco panes de cebada y dos pescados. Pero, ¿qué es eso para tanta gente?" Jesús le respondió: "Díganle a la gente que se siente". En aquel lugar había mucha hierba. Todos, pues, se sentaron ahí; y tan sólo los hombres eran unos cinco mil. Enseguida tomó Jesús los panes, y después de dar gracias a Dios, se los fue repartiendo a los que se habían sentado a comer. Igualmente les fue dando de los pescados todo lo que quisieron. Después de que todos se saciaron, dijo a sus discípulos: "Recojan los pedazos sobrantes, para que no se desperdicien". Los recogieron y con los pedazos que sobraron de los cinco panes llenaron doce canastos. Entonces la gente, al ver el signo que Jesús había hecho, decía: "Éste es, en verdad, el profeta que habría de venir al mundo".

Reflexionar la palabra

En el relato de hoy, Jesús alimenta a miles de personas con apenas cinco panes y dos peces. Hay muchos momentos en nuestra vida en los que sentimos que nuestros recursos son muy limitados para tanta necesidad y demanda en la vida familiar. Nuestros recursos financieros, emocionales o espirituales pueden agotarse. Sepamos que, incluso cuando nos falta lo que necesitamos para nuestra familia, Dios está obrando. ¿Alguna vez han experimentado la abundancia de la bondad de Dios en medio de la pobreza? ¿Cómo fomentamos la fe en tiempos de prueba?

• • • • • • CAMINO A MISA

Hoy escucharemos que una gran multitud seguía a Jesús. Nos fijaremos en la poca comida disponible y en quién la provee.

CAMINO A CASA • • • • • •

¿Qué hizo Jesús con la comida en el evangelio de hoy? ¿Cómo nos alimenta Jesús hoy?

Vivir la palabra

Hagan en familia una lista de lo necesario para que la familia sea verdaderamente feliz y saludable. ¿Qué es esencial para nuestra familia? Vuelvan a leer el evangelio y noten cómo Jesús se ocupó de las necesidades de las personas que lo buscaban.

Decimoctavo Domingo del Tiempo Ordinario

Escuchar la Palabra

Juan 6:32–35

En el nombre del Padre, del Hijo y del Espíritu Santo.

Jesús les contestó: "Yo les aseguro que ustedes no me andan buscando por haber visto señales milagrosas, sino por haber comido de aquellos panes hasta saciarse. No trabajen por ese alimento que se acaba, sino por el alimento que dura para la vida eterna y que les dará el Hijo del hombre; porque a éste, el Padre Dios lo ha marcado con su sello". Ellos le dijeron: "¿Qué necesitamos para llevar a cabo las obras de Dios?" Respondió Jesús: "La obra de Dios consiste en que crean en aquel a quien él ha enviado". Entonces la gente le preguntó a Jesús: "¿Qué signo vas a realizar tú, para que la veamos y podamos creerte? ¿Cuáles son tus obras? Nuestros padres comieron el maná en el desierto, como está escrito: *Les dio a comer pan del cielo*". Jesús les respondió: "Yo les aseguro: no fue Moisés quien les dio pan del cielo; es mi Padre quien les da el verdadero pan del cielo. Porque el pan de Dios es aquel que baja del cielo y da la vida al mundo". Entonces le dijeron: "Señor, danos siempre de ese pan". Jesús les contestó: "Yo soy el pan de la vida. El que viene a mí no tendrá hambre y el que cree en mí nunca tendrá sed".

Reflexionar la palabra

Al recibir a Cristo en la Eucaristía, somos fortalecidos con su presencia dentro de nosotros. En el evangelio de hoy, la gente busca a Jesús y quiere ver señales que confirmen que Jesús es el enviado de Dios. Jesús le dice a la gente que él es el pan enviado por Dios. Si creen y siguen a Jesús, nunca más tendrán hambre. ¿De qué tienen hambre ustedes? ¿Cómo les alimenta la Eucaristía dominical a lo largo de la semana?

• • • • • • CAMINO A MISA

En el Padrenuestro le pedimos a Dios "danos hoy nuestro pan de cada día". ¿Se trata solo de comida? ¿Qué más necesitamos todos los días?

CAMINO A CASA • • • • • •

Jesús nos dice que él es el Pan de Vida. Él no es sólo pan para hoy, sino para toda la vida. ¿Qué significa eso para nosotros?

Vivir la palabra

Jesús le dice a la gente que él es el Pan de Vida. Muchas de las personas que lo siguieron porque pensaron que él podría darles el pan que les llenaría sus estómagos; no entendían que les proveería alimento para su hambre espiritual. Hablen de las maneras cómo Jesús satisface el hambre de nuestro corazón y cómo no podríamos sobrevivir si no permanecemos con él. Recen el Padrenuestro en familia. Elaboren una tarjeta de oración con las palabras: "Danos hoy nuestro pan de cada día".

Decimonoveno Domingo del Tiempo Ordinario

Escuchar la Palabra

Juan 6:44-51

En el nombre del Padre, del Hijo y del Espíritu Santo.

Jesús les respondió: "...Nadie puede venir a mí, si no lo atrae el Padre, que me ha enviado; y a ése yo lo resucitaré el último día. Está escrito en los profetas: *Todos serán discípulos de Dios.* Todo aquel que escucha al Padre y aprende de él, se acerca a mí. No es que alguien haya visto al Padre, fuera de aquel que procede de Dios. Ése sí ha visto al Padre.

Yo les aseguro: el que cree en mí, tiene vida eterna. Yo soy el pan de la vida. Sus padres comieron el maná en el desierto y sin embargo, murieron. Éste es el pan que ha bajado del cielo para que, quien lo coma, no muera. Yo soy el pan vivo que ha bajado del cielo; el que coma de este pan vivirá para siempre. Y el pan que yo les voy a dar es mi carne para que el mundo tenga vida".

Reflexionar la palabra

Jesús es el Pan de Vida. ¿Por qué el Pan de Vida es un título importante de Cristo? ¿Cómo nos ayuda este título a entender mejor la identidad de Jesús y su don eucarístico? Dios Padre nos conduce a la vida divina con él porque nos ama incondicionalmente, sin límites. Así es como nosotros, padres, amamos a nuestros hijos. Piensen en cómo la Eucaristía nutre a personas de todas las edades, todas las culturas, todos los tiempos, uniéndonos a todos.

······ CAMINO A MISA

¿Cómo se siente tener hambre y qué pasa si no hay algo para comer? En la misa, escucharemos que Jesús es el Pan de Vida. ¿Cómo nos alimenta la Eucaristía?

CAMINO A CASA ······

Hemos recibido tanto de Dios. ¿Cómo le devolvemos ese amor?

Vivir la palabra

La Eucaristía es la forma más grande en que recibimos los dones de Dios y en ella damos honor y amor a Dios Padre. Dibujen una línea en una hoja de papel y elaboren una lista en cada lado. En uno, bajo el encabezado "Dones de Dios en la misa", enlisten todos los dones que su familia recibe en la liturgia. En el otro lado, bajo el encabezado: "Honor, amor y alabanza a Dios", enlisten todas las formas en que mostramos honor, amor y alabanza a Dios en la misa. ¿Qué listado es más largo?

Asunción de la Santísima Virgen María

Escuchar la Palabra

Lucas 1:46–56

En el nombre del Padre, del Hijo y del Espíritu Santo.

Entonces dijo María: / "Mi alma glorifica al Señor / y *mi espíritu se llena de júbilo en Dios, mi salvador,* / porque *puso sus ojos en la humildad de su esclava.*

Desde ahora me llamarán dichosa todas las generaciones, / porque ha hecho en mí grandes cosas el que todo lo puede. / *Santo es su nombre* / *y su misericordia llega de generación a generación* / *a los que temen.*

Ha hecho sentir el poder de su brazo: / dispersó a los de corazón altanero, / *destronó a los potentados* / *y exaltó a los humildes.* / *A los hambrientos los colmó de bienes* / y a los ricos los despidió sin nada.

Acordándose de su misericordia, / *vino en ayuda de Israel,* / *su siervo,* / como lo había prometido a nuestros padres, / a Abraham y a su descendencia, / para siempre".

María permaneció con Isabel unos tres meses, y luego regresó a su casa.

Reflexionar la palabra

Hoy escucharemos el Cántico de María que conocemos como el Magníficat. En él, María exultante agradece a Dios por todas sus bendiciones y por su fidelidad: Dios se preocupa por los pobres, los hambrientos y los débiles y vulnerables. Ella se regocija por todas las formas en que Dios ha estado presente en su vida. ¿Cómo reconocemos y nos regocijamos por la presencia y obra de Dios en nuestra propia vida? ¿Con cuánta frecuencia lo alabamos en oración?

••••••CAMINO A MISA

El Magníficat es el canto de alabanza de María. En la misa, estaremos atentos a las alabanzas exultantes al Señor. ¿Qué dicen?

CAMINO A CASA ••••••

El Magníficat canta la misericordia de Dios y de su fidelidad a su pueblo a través de las generaciones. Gracias a nuestro bautismo, pertenecemos al nuevo pueblo santo de Dios. ¿Dónde notamos la misericordia de Dios? ¿Qué promesa nos ha hecho? ¿Cómo nos ha protegido?

Vivir la palabra

María canta su alegría y su gratitud al Señor. En familia, escriban una oración que exprese su alegría y agradecimiento a Dios. Hagan de esa oración escrita, parte de su ritual familiar durante la semana. Cópienla y péguenla en el refrigerador o en un lugar donde todos puedan verla y recitarla con frecuencia.

18 de agosto de 2024

Vigésimo Domingo del Tiempo Ordinario

Escuchar la Palabra

Juan 6:51–58

En el nombre del Padre, del Hijo y del Espíritu Santo.

En aquel tiempo, Jesús dijo a los judíos: "Yo soy el pan vivo, que ha bajado del cielo; el que coma de este pan vivirá para siempre. Y el pan que yo les voy a dar es mi carne, para que el mundo tenga vida". Entonces los judíos se pusieron a discutir entre sí: "¿Cómo puede éste darnos a comer su carne?" Jesús les dijo: "Yo les aseguro: si no comen la carne del Hijo del hombre y no beben su sangre, no podrán tener vida en ustedes. El que come mi carne y bebe mi sangre, tiene vida eterna y yo lo resucitaré el último día. Mi carne es verdadera comida y mi sangre es verdadera bebida. El que come mi carne y bebe mi sangre, permanece en mí y yo en él. Como el Padre, que me ha enviado, posee la vida y yo vivo por él, así también el que me come vivirá por mí. Éste es el pan que ha bajado del cielo; no es como el maná que comieron sus padres, pues murieron. El que come de este pan vivirá para siempre".

Reflexionar la palabra

Jesús nos hace un regalo increíble: su Cuerpo y Sangre para que participemos de su vida eterna. Al reunirnos para el banquete eucarístico formamos una comunidad de fe que comparte los dones de Dios. La Eucaristía no es simplemente una representación o recreación de este evangelio, sino verdaderamente el Cuerpo y Sangre de Cristo, partido y compartido para nosotros.

•••••• CAMINO A MISA

Cada vez que vamos a misa, participamos de una comida con Jesús. Él no nos dio su Cuerpo y Sangre una sola vez; él continúa dándonoslo en cada misa. ¿Cómo le agradecemos este regalo?

CAMINO A CASA ••••••

¿Qué significan estas palabras de Jesús: "El que come de este pan vivirá para siempre"? ¿Cómo nos nutre, a través de su Palabra, los sacramentos y la oración?

Vivir la palabra

Recibimos el don de la vida eterna a través de la Eucaristía. Si bien este es un regalo personal para cada uno de nosotros, también es un llamado para invitar a otros a la vida eterna en el reino de los cielos. Jesús dijo: "El que come mi carne y bebe mi sangre, permanece en mí y yo en él". ¿Cómo afectada a nuestra vida el permanecer en Cristo y él en nosotros? Imaginen cómo sería el mundo hoy si todas las personas respetaran y valoraran la Eucaristía. Hagan un dibujo de cómo sería el mundo si mostráramos nuestro amor por la Eucaristía. Compartan estas imágenes con su párroco.

Vigesimoprimer Domingo del Tiempo Ordinario

Escuchar la Palabra

Juan 6:55, 68–69

En el nombre del Padre, del Hijo y del Espíritu Santo.

En aquel tiempo, Jesús dijo a los judíos: "Mi carne es verdadera comida y mi sangre es verdadera bebida". Al oír sus palabras, muchos discípulos de Jesús dijeron: "Este modo de hablar es intolerable, ¿quién puede admitir eso?" Dándose cuenta Jesús de que sus discípulos murmuraban, les dijo: "¿Esto los escandaliza? ¿Qué sería si vieran al Hijo del hombre subir a donde estaba antes? El Espíritu es quien da la vida; la carne para nada aprovecha. Las palabras que les he dicho son espíritu y vida, y a pesar de esto, algunos de ustedes no creen". (En efecto, Jesús sabía desde el principio quiénes no creían y quién lo habría de traicionar). Después añadió: "Por eso les he dicho que nadie puede venir a mí, si el Padre no se lo concede". Desde entonces, muchos de sus discípulos se echaron para atrás y ya no querían andar con él. Entonces Jesús les dijo a los Doce: "¿También ustedes quieren dejarme?" Simón Pedro le respondió: "Señor, ¿a quién iremos? Tú tienes palabras de vida eterna; y nosotros creemos y sabemos que tú eres el Santo de Dios".

Reflexionar la palabra

Jesús pregunta a su grupo más cercano de discípulos: "¿También ustedes quieren dejarme?". Como Simón Pedro, queremos responder: "Señor, ¿a quién iremos?... Tú tienes palabras de vida eterna". Hay personas en nuestra comunidad, lugar de trabajo y, a veces, en nuestra propia familia, que se alejan de Jesús. Hay días que tenemos dudas y podemos sentir que nos hemos alejado en algún sentido. Pidamos a Jesús que nos ayude a acercarnos más a él.

•••••• CAMINO A MISA

En la misa el sacerdote hace un gesto sobre el pan y el vino, pidiendo a Dios que haga descender el Espíritu Santo. Este gesto comienza alto y termina abajo. Estaremos atento a este momento de la Liturgia eucarística.

CAMINO A CASA ••••••

¿Dónde vimos el gesto de invocar al Espíritu Santo? ¿Por qué invocamos al Espíritu Santo en ese momento de la misa? ¡Es el Espíritu quien transforma el pan y el vino en el Cuerpo y la Sangre de Jesús, y es el Espíritu quien nos da fe para creer!

Vivir la palabra

Algunas enseñanzas de Jesús son realmente difíciles, y exigen madurar en la fe para vivirlas. Esto no es algo que hagamos solos, ya que el Espíritu Santo está siempre con nosotros, guiándonos en la experiencia del reino de Dios. ¿En qué momentos han visto al Espíritu Santo obrar en su vida? Escriban una oración al Espíritu Santo o dibujen una imagen de cómo el Espíritu Santo obra en nuestra vida.

1 de septiembre de 2024

Vigesimosegundo Domingo del Tiempo Ordinario

Escuchar la Palabra

Marcos 7:5-8

En el nombre del Padre, del Hijo y del Espíritu Santo.

Los fariseos y los escribas le preguntaron: "¿Por qué tus discípulos comen con manos impuras y no siguen la tradición de nuestros mayores?"

Jesús les contestó: "¡Qué bien profetizó Isaías sobre ustedes, hipócritas, cuando escribió: *Este pueblo me honra con los labios, pero su corazón está lejos de mí. Es inútil el culto que me rinden, porque enseñan doctrinas que no son sino preceptos humanos!* Ustedes dejan a un lado el mandamiento de Dios, para aferrarse a las tradiciones de los hombres".

Reflexionar la palabra

Los fariseos están atrapados en la forma de la Ley (cómo obedecerla), pero se habían olvidado del espíritu de la Ley (por qué obedecerla). Sin el espíritu de la Ley, no hay conexión con el propósito de la Ley. Jesús nos recuerda que la razón por la que obedecemos los mandamientos de Dios es acercarnos a Dios. La misa nos da la oportunidad de pasar tiempo y celebrar con Dios nuestro Padre, pero es posible seguir sus movimientos mientras nuestro corazón permanece lejos de él. ¿De qué maneras podemos acercar nuestro corazón a Dios? ¿Cómo sería eso para su familia?

••••••CAMINO A MISA

¿Obedecemos las reglas y leyes en casa, en la escuela, las leyes de tránsito y otras? ¿Qué pasaría si no tuviéramos reglas?

CAMINO A CASA ••••••

Dios ha establecido mandamientos para su pueblo. ¿Por qué Dios estableció estos mandamientos? ¿Para quién fueron creados? ¿Por qué son importantes? ¿Por qué los seguimos?

Vivir la palabra

Cada familia tiene reglas a seguir. Es fácil juzgar a nuestros hermanos y hermanas, a nuestros compañeros de clase y amigos cuando rompen una regla o se sienten molestos porque no tienen que vivir de acuerdo con las mismas reglas que nosotros. Conversen sobre las reglas importantes en su hogar y cómo hacen las paces entre sí. ¿Cómo podemos hacer espacio para la paz en el hogar? ¿Dónde experimentamos la paz? ¿Quién es la fuente de toda paz?

ORACIONES COTIDIANAS

La señal de la cruz

La señal de la cruz es la primera oración y la última de cada día, y de toda la vida cristiana. Es una oración del cuerpo y de palabras. Cuando fuimos presentados para ser bautizados, la comunidad hizo esta señal sobre nuestro cuerpo, por vez primera. Los papás acostumbran hacer esta señal sobre sus hijos, y nosotros nos signamos cada día, y también a los que amamos. Al morir, nuestros seres queridos harán esa señal sobre nosotros, por última vez.

En el nombre del Padre,

y del Hijo,

y del Espíritu Santo. Amén.

La Oración del Señor

La Oración del Señor o Padrenuestro, es una oración muy importante para el cristiano, porque Jesús mismo la enseñó a sus discípulos, quienes, a su vez, la enseñaron a los demás miembros de la Iglesia. Hoy día, esta oración forma parte de la misa, del Rosario y la recitamos en toda ocasión. Contiene siete peticiones. Las primeras tres le piden a Dios que sea glorificado y alabado, y las cuatro restantes que provea a nuestras necesidades espirituales y corporales.

Padre nuestro, que estás en el cielo,

santificado sea tu Nombre;

venga a nosotros tu reino;

hágase tu voluntad en la tierra como en el cielo.

Danos hoy nuestro pan de cada día;

perdona nuestras ofensas,

como también nosotros perdonamos

a los que nos ofenden;

no nos dejes caer en la tentación,

y líbranos del mal. Amén.

El Credo de los Apóstoles

El Credo apostólico es uno de los más antiguos que conservamos. Se piensa que habría sido escrito hacia el siglo segundo. Este credo, también conocido como símbolo, es más breve que el niceno; expresa con mucha claridad la fe en Cristo y en la Santísima Trinidad, Padre, Hijo y Espíritu Santo. Algunas veces este credo se recita en la misa, especialmente en las misas de niños, y al iniciar el rezo del Rosario.

Creo en Dios, Padre Todopoderoso,

Creador del cielo y de la tierra.

Creo en Jesucristo su único Hijo, nuestro Señor,

que fue concebido por obra y gracia del Espíritu Santo,

nació de Santa María Virgen,

padeció bajo el poder de Poncio Pilato,

fue crucificado, muerto y sepultado,

descendió a los infiernos,

al tercer día resucitó de entre los muertos,

subió a los cielos y está sentado a la derecha de Dios

Padre, todopoderoso.

Desde allí va a venir a juzgar a vivos y muertos.

Creo en el Espíritu Santo, la santa Iglesia católica

la comunión de los santos,

el perdón de los pecados,

la resurrección de la carne

y la vida eterna. Amén.

El Credo Niceno

El Credo Niceno fue escrito en el Concilio de Nicea, en el año 325, cuando los obispos de la Iglesia se reunieron para articular la verdadera fe en Cristo y su relación con Dios Padre. Todos los fieles deben conocer este credo o símbolo, pues resume la fe de la Iglesia. Lo recitamos en misa.

Creo en un solo Dios,

Padre todopoderoso, Creador del cielo y de la tierra,

de todo lo visible y lo invisible.

Creo en un solo Señor, Jesucristo, Hijo único de Dios,

nacido del Padre antes de todos los siglos:

Dios de Dios, Luz de Luz,

Dios verdadero de Dios verdadero,

engendrado, no creado,

de la misma naturaleza del Padre,

por quien todo fue hecho;

que por nosotros los hombres,

y por nuestra salvación bajó del cielo,

y por obra del Espíritu Santo

se encarnó de María, la Virgen, y se hizo hombre;

y por nuestra causa fue crucificado

en tiempos de Poncio Pilato;

padeció y fue sepultado,

y resucitó al tercer día, según las Escrituras,

y subió al cielo, y está sentado a la derecha del Padre;

y de nuevo vendrá con gloria

para juzgar a vivos y muertos,

y su reino no tendrá fin.

Creo en el Espíritu Santo, Señor y dador de vida,

que procede del Padre y del Hijo,

que con el Padre y el Hijo

recibe una misma adoración y gloria,

y que habló por los profetas.

Creo en la Iglesia,

que es una, santa, católica y apostólica.

Confieso que hay un solo bautismo para el perdón de los

pecados.

Espero la resurrección de los muertos

y la vida del mundo futuro.

Amén.

Gloria (Doxología)

Esta breve plegaria está dirigida a la Santísima Trinidad. Se dice al inicio de la Liturgia de las Horas, y para concluir el rezo de los salmos, o la decena de Avemarías del rosario. Puede rezarse en cualquier momento.

Gloria al Padre,

y al Hijo,

y al Espíritu Santo.

Como era en el principio,

Ahora y siempre, por los siglos de los siglos. Amén.

Avemaría

La primera línea de esta plegaria es el saludo del ángel Gabriel a la
Virgen María, al momento de anunciarle que sería madre del Redentor
(ver Lucas 1:28). Las dos líneas siguientes son del saludo de Isabel al
momento de visitarla (ver Lucas 1:42). Las cuatro líneas finales confie-
san la maternidad divina de María y su papel de intercesora nuestra.
Las decenas repetidas de esta plegaria forman el rosario.

Dios te salve María, llena eres de gracia, el Señor

es contigo;

bendita tú eres entre todas las mujeres,

y bendito es el fruto de tu vientre, Jesús.

Santa María, Madre de Dios,

ruega por nosotros, pecadores,

ahora y en la ahora

de nuestra muerte. Amén.

Bendición de los alimentos

De muchas maneras, las familias agradecen a Dios por el alimento;
algunas con sus propias palabras, otras se toman de las manos y cantan
o recitan alguna fórmula tradicional. Esta se puede decir antes de iniciar
a comer, y después de la señal de la cruz.

Bendice, Señor, estos dones,

las manos que los prepararon

y el trabajo de nuestros hermanos.

Da pan a los que tienen hambre,

y hambre de ti a los que tenemos pan.

Acción de gracias por los alimentos

Enseñe a sus hijos a dar gracias a Dios después de comer. Puede usar estas palabras, después de hacer la señal de la cruz.

Gracias, Señor, por el pan,

y las gracias que nos das. Amén.

La autora

Mary Heinrich es catequista y líder de formación de la Catequesis del Buen Pastor, método de formación de fe para niños. Ella es coordinadora de membresía de la Catequesis del Buen Pastor USA (CGSUSA, por sus siglas en inglés). Durante veintinueve años se ha desempeñado como líder catequética parroquial y como consultora de editoriales de educación religiosa. Su licenciatura en Teología es de Mount Mercy College de Cedar Rapids, Iowa, y su maestría en estudios pastorales (MAPS-CGS) de Aquinas Institute of Theology de St. Louis, Missouri. Está casada con Kurt, diácono de la Diócesis de Des Moines, y tienen una hija, Clare.